WOLFGANG SCHÄUBLE
Ulrich Wickert

MICHEL SAPIN
Dominique Seux

Anders gemeinsam

Ein deutsch-französisches Gespräch

Mit Vorworten von
ANGELA MERKEL und
FRANÇOIS HOLLANDE

Die französischen Passagen
übersetzten Ulrike Bokelmann und
Barbara Heber-Schärer

HOFFMANN UND CAMPE

1. Auflage 2016
Für die deutschsprachige Ausgabe
Copyright © 2016 by
Hoffmann und Campe Verlag, Hamburg
www.hoca.de
Umschlaggestaltung: Sarah M. Hensmann
© Hoffmannn und Campe Verlag
Lektorat: Rainer Wieland
Satz: Dörlemann Satz, Lemförde
Gesetzt aus der Minion Pro
Druck und Bindung: CPI books GmbH, Leck
Printed in Germany
ISBN 978-3-455-50401-9

HOFFMANN
UND CAMPE

Ein Unternehmen der
GANSKE VERLAGSGRUPPE

Inhalt

Vorwort von Bundeskanzlerin Angela Merkel

»Wir sind zu unserem Glück vereint« – das war unser Leitspruch zum 50. Jahrestag der Unterzeichnung der Römischen Verträge. Dieser war und ist bewusst in doppeltem Sinn zu verstehen. Denn zum einen ist es in der Tat ein unvergleichliches Glück, dass wir uns in einem vereinten Europa nicht mehr als feindliche Nationalstaaten gegenüberstehen. Dieses historische Glück ist uns Deutschen und Franzosen gerade auch in diesem Jahr sehr gegenwärtig, in dem sich die Schlacht von Verdun zum 100. Mal jährt. Zum anderen wissen wir, dass wir in der globalisierten Welt unser Glück als europäische Wertegemeinschaft nur mit vereinten Kräften erhalten und weiterentwickeln können.

Am Anfang des europäischen Einigungsprojekts stand die deutsch-französische Aussöhnung, aus der schließlich eine enge Partnerschaft und Freundschaft erwuchsen. Mittlerweile zählt die Europäische Union 28 gleichberechtigte Mitglieder. Doch wenn es darum geht, auf europäische Herausforderungen gemeinsame europäische Antworten zu finden, so kommt dem Miteinander der beiden Staaten im Herzen Europas unverändert besondere Bedeutung zu.

Zum Ausdruck bringt dies auch das vorliegende Buch mit Gesprächen, die der deutsche Finanzminister Wolfgang Schäuble und sein französischer Kollege Michel Sapin mit den Journalisten Ulrich Wickert und Dominique Seux geführt haben. Diese bemerkenswerte Dokumentation bietet nicht nur Einblicke in den Arbeitsalltag zweier herausragender politischer Persönlichkeiten. Sie legt auch offen, was sie an- und umtreibt und wie sie ihr jeweiliges politisches Handeln begründen.

So lässt sich am konkreten Beispiel nachvollziehen, was es heißt, sich auf eine enge und vertrauensvolle Zusammenarbeit einzulassen – eine Zusammenarbeit über Grenzen hinweg, die vor dem Hintergrund der Geschichte unserer beiden Länder, aber auch mit Blick auf die heterogene und immer wieder von Krisen heimgesuchte Welt wahrlich alles andere als selbstverständlich ist. Insofern lässt das lesenswerte Buch Aufschlüsse darüber zu, was die europäische Einigung ausmacht, wie weit wir in Europa vorangekommen sind und wie viel Gemeinsames es zwischen Frankreich und Deutschland gibt, an das wir zum beiderseitigen und europäischen Wohle anknüpfen können.

Immer wieder werden Sinn und Zweck der europäischen Integration hinterfragt. Doch selbst in sehr kritischen Fragen ist es in Europa bisher immer wieder gelungen, uns aufeinander zuzubewegen und gute Kompromisse einzugehen.

Aus dem vorliegenden Buch spricht die wohlbegründete Zuversicht, dass wir es in der Europäischen Union selbst in der Hand haben, die europäische Integration als Erfolgsgeschichte auch künftig fortzuschreiben – nicht irgendwie, sondern möglichst verständlich und bürgernah, damit unser geeintes Europa auch weithin als das empfunden wird, was es wirklich ist: ein großes Glück.

Berlin, Februar 2016

Vorwort von Staatspräsident François Hollande

Europa ist zugleich ein politisches Projekt und ein menschliches Abenteuer. Die Verträge sind grundlegend, die Institutionen wesentlich, doch hinter jedem großen Schritt nach vorn, jedem neuen Fortschritt steckt eine persönliche Beziehung: Konrad Adenauer und General de Gaulle, von der Erfahrung zweier Weltkriege geprägt, haben die deutsch-französische Versöhnung besiegelt und, geleitet von dem Willen, die Tragödien der Vergangenheit zu überwinden, eine Union gegründet, die ständig gestärkt wird. Seither arbeiten alle französischen Präsidenten und deutschen Kanzler vereint am Aufbau Europas.

Die Idee zu diesem Buch entstand in einer dieser persönlichen Beziehungen. Seit zwei Jahren sprechen, verhandeln und kämpfen Michel Sapin und Wolfgang Schäuble an allen ökonomischen Fronten Europas miteinander. Sie haben sich kennen und schätzen gelernt. Durch ihren Werdegang und ihr Engagement zeugen sie für die Wirklichkeit Europas, das errichtet wird mit der Erfahrung von Menschen, die es auch über unterschiedliche politische Lager hinweg gemeinsam aufbauen. Sie zeigen uns, wie viel Überzeugungskraft man zusammen aufbieten muss, um die schwierigsten Probleme im Sinn der deutsch-französischen Verantwortung zu lösen.

Da ist einmal die Bewältigung der Globalisierung seit dem Auftauchen neuer Mächte wie China, Indien, Brasilien und noch weiterer. Dann das Problem der Klimaerwärmung, die sich schon auf das Wachstum und die Nutzung der natürlichen Ressourcen auswirkt, sowie die Herausforderung der technologischen Umbrüche, die selbst fest etablierte Industriezweige infrage stellen. Und schließlich die Zukunft unserer sozialen Sicherungssysteme, die durch die Überalterung unserer Bevölkerungen, die Jugendarbeitslosigkeit und seit einigen Monaten durch die Aufnahme der Flüchtlinge, die vor dem Chaos im Nahen Osten fliehen, vor einer harten Probe stehen.

Nicht zu vergessen die Bedrohung durch den Terrorismus, der mehrere europäische Hauptstädte heimgesucht hat, darunter letztes Jahr Paris.

Wir brauchen Europa mehr denn je.

Kein Land auf unserem Kontinent allein besitzt den Schlüssel zu seiner Zukunft. Keines kann behaupten, dank seiner ökonomischen oder politischen Macht über die nötige Kraft zu verfügen, um einer derart unsicheren Welt gegenüberzutreten. Nur ein starkes Europa wird genug Gewicht haben, um unsere Art zu leben zu verteidigen und unter Wahrung unserer Interessen unsere fundamentalen Werte zu fördern.

Ich sehe die Skepsis der Völker und den Souveränismus, dem manche Geister verfallen. Das sind Versuchungen in allen Mitgliedstaaten: Überall erheben sich Stimmen, die am richtigen Aufbau Europas zweifeln und selbst die Idee der Europäischen Gemeinschaft infrage stellen; oder sie unter dem Vorwand ihrer Unzulänglichkeiten, Verspätungen und Schwerfälligkeiten für all unsere Übel, einschließlich ihrem eigenen Kleinmut und Verzicht, verantwortlich machen. Aber die Geschichte lehrt uns, dass Rückzug und Abschottung den Niedergang zur Folge haben und zum Schlimmsten führen.

Wir werden im Gegenteil unserem Erbe nur gerecht werden, wenn wir zusammenstehen und neue Projekte angehen. Davon sind Deutschland und Frankreich überzeugt.

Daher haben sich unsere beiden Länder 2012 dafür eingesetzt, dass Europa die Lehren aus der Finanzkrise zieht und sich für die Stärkung der Wirtschafts- und Währungsunion und die Schaffung einer Bankenunion entscheidet.

2013 haben Deutschland und Frankreich zusammengearbeitet, damit das Budget der Union die wichtigsten Prioritäten bis 2020 garantiert.

2014 haben Deutschland und Frankreich die Initiative ergriffen, um eine Lösung für den Krieg in der Ukraine zu finden.

2015 haben Deutschland und Frankreich alles getan, um Griechenland vor dem unausweichlich scheinenden Bankrott zu retten.

Michel Sapin und Wolfgang Schäuble waren die Hauptakteure der Lösung dieser Krise. Sie berichten hier eingehend von dieser Zeit, in der die Festigkeit der deutsch-französischen Beziehung auf die Probe gestellt wurde, doch das Wesentliche überwog. Es hätte tragisch enden können, für das griechische Volk wie für alle Europäer. Die Eurozone hat die Entschlossenheit ihrer Mitglieder gezeigt, keines der ihren im Stich zu lassen. Die Krise hat uns davon überzeugt, dass wir eine neue Etappe der Integration in Angriff nehmen müssen, mit dem Ziel einer Wirtschaftsregierung der Eurozone.

Vor fünfundzwanzig Jahren musste Europa einig sein, um nach dem Kalten Krieg weiterzuexistieren. Heute geht es darum, die Probleme der Beschäftigung, der Umwelt und der Sicherheit anzugehen. Und der Jugend Vertrauen in eine gemeinsame Zukunft zu vermitteln.

Dazu ist es nötig, eine echte wirtschaftliche Strategie zu entwickeln. Alle Konsequenzen aus der Klimakonferenz zu ziehen, den universitären Austausch zu fördern, große Forschungsprogramme aufzulegen und eine gemeinsame Verteidigung aufzubauen. Michel Sapin und Wolfgang Schäuble haben nicht auf all diese Fragen dieselben Antworten, aber sie eröffnen die Debatte. Das brauchen wir.

Darin liegt, wie die Geschichte der Europäischen Union uns gezeigt hat, das Geheimnis des »deutsch-französischen Motors«. Gerade, weil unsere beiden Länder manchmal von unterschiedlichen Positionen ausgehen, kann eine Übereinkunft zwischen ihnen bisweilen eine Situation entschärfen, und es kann eine Lösung gefunden werden, der auch die anderen Mitgliedsstaaten schließlich zustimmen, vorausgesetzt, dass sie respektiert werden.

Doch Michel Sapin und Wolfgang Schäuble sind klarsichtig genug, um uns zu erklären, dass man nicht erst auf die nächste Krise warten muss, um voranzukommen und an eine neue Etappe der vertieften Zusammenarbeit der Eurozone zu denken.

Dieses beispiellose Gespräch zwischen zwei Männern, die aus konkurrierenden politischen Familien stammen, aber beide überzeugte Europäer sind, wird die Leser aufklären, die die Vorgänge in der heutigen Weltwirtschaft verstehen wollen, und diejenigen anregen, die wollen, dass Europa darin einen ihm angemessenen Platz hat.

Paris, Februar 2016

Einleitung von Ulrich Wickert

An der Spitze der Beliebtheitsskala deutscher Politiker steht Anfang 2016 Bundesfinanzminister Wolfgang Schäuble. Er verkörpert Kompetenz und Glaubwürdigkeit wie kaum ein anderer. In den Augen der Deutschen ist er nicht nur der Finanzminister, der eine schwarze Null für den Haushalt geschafft hat, sondern auch der Politiker, der das gemeinsame Europa vorantreibt, der – nicht nur weil er fließend Französisch spricht – mit Finanzminister Michel Sapin aus Paris die deutsch-französische Freundschaft auch in schweren Zeiten zu wahren weiß.

In den letzten fünfzig Jahren gab es immer wieder besondere Paarungen. Als Finanzminister lernten sich auch Valéry Giscard d'Estaing und Helmut Schmidt kennen, als Präsident und Kanzler haben sie die Europäische Währung vorangetrieben. Die Einführung des Euro hat dann das Paar Mitterrand-Kohl beschlossen. Und wären Hans-Dietrich Genscher und Roland Dumas als jeweilige Außenminister ihrer Länder nicht eng befreundet gewesen, wäre die deutsche Wiedervereinigung sicher nicht so reibungslos verlaufen.

Aber gerade in Krisenzeiten sieht es von außen manchmal anders aus. So etwa in der ersten Jahreshälfte 2015 während der Griechenlandkrise. Eine Karikatur in *Le Monde* zeichnete den deutschen Finanzminister Wolfgang Schäuble als den Tod. »Der Sensenmann« steht als Titel darunter. Einige Tage zuvor wurde Schäuble dort schon als »*Bourreau des Grecs* – Henker der Griechen« bezeichnet. In Deutschland nannte ihn der Philosoph Jürgen Habermas einen »Zuchtmeister Europas«. Vom deutschen »Diktat« war die Rede, da schwingt das »Diktat von Versailles« mit. Schäuble wurde die Zerstörung der europäischen Idee, die Spaltung Europas vorgeworfen.

Der deutsche Finanzminister galt als der Mann, der nicht nur Europa gefährdete, sondern auch die deutsch-französische Freundschaft zerstörte. Denn Schäuble vertrat eine Position, die der des französischen Finanzministers Michel Sapin entgegensetzt zu sein schien. Keine Hiebe bekam der französische Finanzminister ab, der sich als verständnisvoller Freund der Griechen gab, der sogar hinter dem Rücken des deutschen Finanzministers den Griechen bei der Ausarbeitung des schließlich in Brüssel akzeptierten Rettungsplans half.

Waren sich der französische Finanzminister Michel Sapin und sein deutscher Kollege Wolfgang Schäuble nun spinnefeind? Um deren wahres Verhältnis in solch einer Krisensituation auszuloten, entstand die Idee, beide Minister über einen längeren Zeitraum zu begleiten und ausführlich zu befragen. Zwischen August und Dezember 2015 fanden drei ausführliche Gespräche abwechselnd in Paris und in Berlin statt. Gespräche, die jeweils einen ganzen Tag dauerten.

Die Gesprächspartner der Minister waren zwei profilierte Journalisten aus Frankreich und Deutschland. Auf französischer Seite Dominique Seux, stellvertretender Chefredakteur der französischen Wirtschaftszeitung *Les Echos* und Kommentator im französischen Rundfunk, also ein Fachmann für Finanzfragen; auf deutscher Seite der ehemalige *Tagesthemen*-Moderator Ulrich Wickert, einst langjähriger ARD-Korrespondent in Paris, aber auch Kenner der Berliner Politik. Es gelang ihnen, die beiden ganz unterschiedlichen Politiker – der eine seit 1972 Abgeordneter der konservativen CDU, der andere Sozialist und 1982 zum ersten Mal in die *Assemblée nationale* gewählt und schon unter François Mitterrand Finanzminister – zu ganz persönlichen Schilderungen zu bewegen.

Die Gespräche gehen weit über die Auseinandersetzung um die finanzielle Rettung Griechenlands hinaus. Schäuble und Sapin schildern ihre Sicht auf die jeweilige eigene Identität und was dies für ihr politisches Verhalten bedeutet. Deshalb ist ein Blick in die Vergangenheit notwendig. Schäuble erzählt, wie er als Schüler in Frankreich Soldatengräber gepflegt hat, was seine Haltung zu dem Nachbarland stark beeinflusste. Und Sapin erklärt, welche Bedeutung die Französische Revolution auch heute noch im Denken der französischen Politik spielt. Nur aus der Vergangenheit lässt sich die Zukunft planen. So wird die Zukunft Europas in Zeiten des Terrorismus und der Flüchtlingskrise genauso besprochen wie die Frage, ob und unter welchen Umständen Großbritannien in der EU gehalten werden soll.

Nebenbei geht es auch um ganz alltägliche Unterschiede im politischen Leben von Berlin und Paris. Wie kommunizieren die beiden miteinander? Wie sieht der Alltag im Ministerium aus? Michel Sapin, der in seinem Ministerium über einen Chefkoch verfügt, bedauert seinen Freund Wolfgang, dass er mit seinen Gästen ins Restaurant gehen muss.

Das Fazit dieses Blicks in das wirkliche Funktionieren von politischer Zusammenarbeit lautet: Die deutsch-französische Freundschaft hält auch die größten Meinungsverschiedenheiten aus.

Hamburg, Februar 2016

Einleitung von Dominique Seux

»Der Weg ist das Ziel«, schrieb Goethe[1], und im Französischen versteht man diesen Satz so, dass man Schritt für Schritt darüber entscheidet, wohin man geht, und zum Teil auch, wo man ankommt. Heute, zu Beginn des Jahres 2016, sind Europa und ein großer Teil der Europäer niedergeschlagen, weil sie nicht mehr wissen, welchen Weg Europa einschlägt und welches Ziel es verfolgt. Von Terroristen angegriffen und krisengeschüttelt, hat es das Gefühl, Geschichte nicht mehr zu machen, sondern sie zu erleiden.

Strategisch und geopolitisch: Deutschland hat wenig Einfluss auf die Konflikte in Syrien und im Irak, aber es nimmt den Strom von Hunderttausenden Flüchtlingen auf, während Frankreich ein Opfer des »Islamischen Staats« geworden ist.

Politisch: Polen und Ungarn nehmen sich gegenüber den Grundwerten der europäischen Demokratie Freiheiten heraus, Großbritannien erwägt, das Schiff der Achtund-

---

1 Exakt lautet der Satz, zitiert von Johann Peter Eckermann in seinen *Gesprächen mit Goethe*: »Es soll nicht genügen, daß man Schritte tue, die einst zum Ziele führen, sondern jeder Schritt soll Ziel sein und als Ziel gelten.«

zwanzig zu verlassen. Innerhalb von ein paar Monaten hat der Brexit den Grexit aus den Schlagzeilen verdrängt.

Wirtschaftlich: Einige Länder der Eurozone haben ganz einfach immer noch nicht wieder das wirtschaftliche Niveau erreicht, das sie vor der Finanzkrise von 2008 hatten. Das hat man so noch nicht gesehen in Friedenszeiten.

Die technologische Zukunft: Amerikanische Giganten wie Google, Facebook, Uber und Amazon sind die Symbole und Leitmarken der digitalen Revolution. Die Europäer versuchen sich die Krümel zu teilen, bis jetzt ohne Erfolg. Weder in der bestehenden europäischen Industrielandschaft noch im Imaginären gibt es im Augenblick ein Projekt, das Airbus nachfolgen könnte.

Kurz, wohin man in diesen letzten Jahren auch schaut, scheinen die Zentrifugalkräfte stärker zu sein als die Konvergenzkräfte. Brüssel ist zum idealen Sündenbock für eine ganze Reihe politischer Parteien – was schlimm genug ist –, ja sogar amtierender Regierungen geworden – was sehr viel schlimmer ist.

Natürlich kann man der Meinung sein, dieses Bild sei Schwarzmalerei. Schließlich ist der Euro eine historisch sehr junge Währung, sein offizielles Geburtsjahr ist 1999. Siebzehn Jahre, das ist noch die Adoleszenz! Und natürlich hat sich der Euro international als Zahlungsmittel durchgesetzt und ebenso im Geist und im Geldbeutel derer, die ihn jeden Tag gebrauchen. Die Europäische Zentralbank hat sich große Anerkennung erworben. Nichtsdestoweniger spürt jeder, dass wir einen entscheidenden Moment des Projekts Europa erleben.

In dieser Landschaft haben Frankreich und Deutschland eine besondere und anerkannte Verantwortung. Weil sie fast die Hälfte der Bevölkerung der Eurozone repräsentieren und genau die Hälfte von deren Wirtschaftskraft. Weil sie eine gemeinsame Geschichte haben, die aus wiederholten Tragödien, großartigen Versöhnungen und heute aus Partnerschaft besteht. Vor allem aber, weil in Europa nichts, aber auch gar nichts, aufgebaut werden kann ohne das Paar Frankreich-Deutschland, und das seit nun schon fünfzig Jahren. Doch wie steht es heute? Wer bremst, wer treibt voran?

So ist die Idee entstanden, gerade jetzt, da die beiden Länder vor großen Herausforderungen stehen, zwei Schlüsselfiguren des deutsch-französischen Dialogs zu befragen. Deutschland dominiert wirtschaftlich, aber es wird von den Auswirkungen der momentanen geopolitischen Entwicklungen erschüttert. Frankreich bleibt eine wichtige politische und militärische Macht, ist jedoch wirtschaftlich schwächer geworden. Unter diesem Gesichtspunkt hat das Jahr 2015 das Gleichgewicht zwischen Berlin und Paris wiederhergestellt.

Michel Sapin und Wolfgang Schäuble, die Finanzminister der beiden Länder, gehören unterschiedlichen politisch-ideologischen Strömungen an. Der eine ist Sozialist, der andere Christdemokrat. Doch beide haben reiche politische Erfahrungen und eine wechselvolle Karriere. Michel Sapin, der seit 2014 in Bercy im Amt ist, wurde 1991 zum ersten Mal Minister. 1992/1993 stand er, schon damals im Finanzministerium, einer Währungskrise gegenüber, die um ein Haar den geplanten Euro vereitelt hätte. Er ist der Vater mehrerer Anti-Korruptionsgesetze und bekämpfte in den letzten Monaten insbesondere die Steuerflucht. Wolfgang Schäuble ist seit 2009 als Finanzminister im Amt, aber er war schon 1984 zum ersten Mal Minister, als Chef des Bundeskanzleramts, bei der Wiedervereinigung war er Innenminister. Die beiden treffen sich sehr häufig, duzen sich und haben womöglich mehr Kontakt zueinander als zu anderen Ministern ihrer jeweiligen Regierung.

Viele Franzosen haben ein ganz anderes Bild von Wolfgang Schäuble, als es die Deutschen haben. Jenseits des Rheins ist er ein Star, diesseits jedoch wird er von einem Teil der Öffentlichkeit als ein Ultraorthodoxer wahrgenommen, der sich auf eine strenge Finanzpolitik versteift und gegenüber Griechenland Härte zeigt. Die Wirklichkeit ist, wie man lesen wird, komplexer. Die Deutschen wiederum haben viele Fragen an Frankreich, die selbsterklärte Heimat der Menschenrechte, und seine Solidarität – bzw. deren Fehlen – in Bezug auf die Flüchtlinge. Das von zwei Journalisten, einem Deutschen und einem Franzosen, moderierte Gespräch erlaubt es, den jeweiligen Blick auf die Welt, auf die Zukunft Europas und auf jedes der beiden Länder zu vergleichen. Man wird darin Bestätigungen finden: für die sehr unterschiedliche Auffassung, was die Identität jedes der beiden Länder ausmacht; für den unterschiedlichen Zugang, was die öffentlichen Finanzen angeht. Man wird darin eine Innenansicht der Griechenlandkrise der letzten Jahre entdecken. Und man wird gewahr werden, dass jenseits der rhetorischen Höhenflüge die nächsten Etappen des Aufbaus von Europa weder festgeschrieben sind noch auf der Hand liegen. »Wichtig ist nicht, optimistisch oder pessimistisch zu sein, wichtig ist nur, entschlossen zu sein«, soll Jean Monnet gesagt haben. Sind Deutschland und Frankreich entschlossen?

Paris, Februar 2016

Anders gemeinsam

Die Gespräche

I

Deutsche, französische und europäische Identität

ULRICH WICKERT / DOMINIQUE SEUX: Sie arbeiten als Finanzminister Ihrer beiden Länder seit mehreren Jahren zusammen. Wie kommunizieren Sie miteinander? In welcher Sprache und wie oft? Wie geht das vor sich, wenn ein französischer und ein deutscher Minister zusammenarbeiten?

MICHEL SAPIN: Wolfgangs großer Vorzug ist, dass er sehr gut Englisch versteht und spricht. Er versteht auch sehr gut Französisch. Ich tue mich da schwerer, vor allem mit Deutsch. Aber wir haben eine Lösung gefunden, wie wir uns am freiesten unterhalten können: In unseren Gesprächen spricht Wolfgang meist Englisch und ich Französisch. Natürlich tauschen wir uns sehr oft aus. Kein internationales Treffen, ohne dass wir einen Moment unter uns sind – ohne unsere Mitarbeiter. Als ich zum Finanzminister ernannt wurde, war die erste Person, mit der ich mich getroffen habe, natürlich der deutsche Finanzminister, das entspricht der Tradition.

SEUX: Und wie war es umgekehrt?

SAPIN: Wolfgang hat ja schon einige französische Finanzminister kommen und gehen sehen, während wir es immer mit demselben zu tun haben. Aber als ich zum ersten Mal in sein Ministerium kam, hat er sofort den Wunsch geäußert, dass wir beide uns unter vier Augen unterhalten. Außerdem schreiben wir uns SMS.

WICKERT: In welcher Sprache?

SAPIN: Auf Englisch. Ich kann mir dabei helfen lassen, um nicht zu viele Fehler zu machen.

WOLFGANG SCHÄUBLE: Die Fremdsprache, die ich in der Schule gelernt habe, neun Jahre lang, war Französisch. Ich lese viel besser Französisch als Englisch, und ich verstehe auch Französisch besser als Englisch. Aber da wir auf internationalen Treffen nur Englisch reden, beherrsche ich es auch. Ich kann nur nicht gut von Englisch auf Französisch wechseln. Wenn ich drei Tage in Frankreich bin und nur Französisch rede, geht das auch, aber einfach so von der einen in die andere Sprache wechseln kann ich nicht. Und infolgedessen verstehe ich Michel, wenn wir telefonieren, und er versteht mich. Mit Englisch geht das so einigermaßen. Ich habe Michel am Anfang unserer gemeinsamen Zeit als Finanzminister gesagt: Bei den vielen internationalen Treffen ist Englisch heute im Grunde für einen Finanzminister ein Muss – wir europäischen Finanzminister treffen uns ja mindestens jede zweite Woche, wenn nicht noch öfter. Natürlich wird übersetzt, aber die Gespräche am Rande werden alle auf Englisch geführt. Als wir das erste Mal gemeinsam bei einer Tagung des Internationalen Währungsfonds (IWF) in Washington waren, habe ich mich in den Pausen immer bemüht, mit Michel Kontakt zu haben, weil er sonst auf wenige Gesprächspartner reduziert gewesen wäre. Als wir uns dann verabschiedeten, sagte er, ohne dass ich etwas erwähnt hätte, zu mir: »Du hast recht, ich werde Englischkurse nehmen.«

Aber die Dinge ändern sich. Ich lebe in der Nachbarschaft von Straßburg, das ist meine Heimat. Die junge Generation von heute unterhält sich auf Englisch. Früher haben die Elsässer Deutsch gesprochen, das war natürlich eine Besonderheit, aber sehr angenehm für uns. Das gibt es heute nicht mehr in dem Maße, und die jungen Deutschen tun sich auch schwer mit Französisch. Wir haben Programme aufgelegt, dass man im Grenzraum die Sprache des Nachbarn lernen sollte, damit man sich gegenseitig versteht. Das ist eine nicht ganz einfache Geschichte, weil wir eben als Common Language Englisch haben. Aber wir kommen zurecht. Und wenn ich ein paar Tage in Frankreich bin, kann ich auch wieder Französisch sprechen.

WICKERT: Wenn man eine Sprache kann, versteht man, was der andere sagen will, aber in der Kommunikation liegen oft Geheimnisse. Ich weiß noch, als ich in Frankreich lebte, hieß es immer: Ein Franzose sagt nicht Nein, sondern eher, das ist schwierig. »Ich lade dich fürs Wochenende ein.« – »Ach, weißt du, das ist schwierig.« Der Deutsche fragt dann: »Wo ist das Problem, wir lösen es.« Doch der Franzose will das Problem gar nicht lösen, er will nein sagen. Aber Herr Schäuble ist sehr direkt, selbst für einen deutschen Politiker.

SEUX: Sagt er manchmal auch ja oder immer nur nein?

SAPIN: Ich habe ihn schon ja sagen hören. Das Besondere am französisch-deutschen Verhältnis ist ja, dass man immer eine gemeinsame Lösung zu erzielen versucht. Aber es stimmt, Wolfgang drückt sich immer recht klar aus, sehr entschieden und sehr energisch. Ich drücke mich vielleicht etwas abgerundeter aus, weniger unverblümt, aber auch für mich ist Aufrichtigkeit etwas ganz Fundamentales.

WICKERT: Das finde ich schön, dass Herr Sapin sagt, er drücke sich etwas abgerundeter aus.

SCHÄUBLE: Es stimmt ja auch. Aber es ist in der Tat so, wie Michel sagt. Wir haben unterschiedliche Standpunkte. Er ist Sozialist, ich nicht, aber wir sind offen miteinander und können einander vertrauen – auch wenn wir unterschiedlicher Meinung sind. In dieser Hinsicht sind wir beide klar und direkt. Aber selbst wenn wir unterschiedlicher Meinung sind: Wir würden nie etwas tun, was dem anderen schadet. Denn über allem steht die deutsch-französische Zusammenarbeit, und darin stimmen wir völlig überein.

SAPIN: Eine oft betonte Paradoxie der französisch-deutschen Zusammenarbeit ist, dass sie in ihren großen Momenten von Vertretern unterschiedlicher politischer Überzeugungen getragen wurde. Nehmen wir als Beispiel nur Kohl und Mitterrand. Aber die französisch-deutsche Zusammenarbeit ist so wichtig, dass die Frage nach den politischen Überzeugungen der Verantwortlichen sofort in den Hintergrund tritt. Unterschiedliche Überzeugungen zwingen uns höchstens dazu, noch besser zu sein, um zwischen uns Lösungen zu finden.

Gleichzeitig gibt es Differenzen, und es ist sehr wichtig, dass wir sie kennen. Ich sage nicht, dass sie unumstößlich sind, sie sind eine Schwierigkeit, die man überwinden muss. Aber es ist wichtig, dass diese Schwierigkeiten bekannt sind, denn sie können bei verschiedenen Themen auftauchen – darauf kommen wir wohl noch. Aber sie können noch viel leichter entstehen, wenn man sich ständig vorstellt, was der andere vielleicht denkt. Damit schafft man sich womöglich Probleme, die gar nicht existieren. Daher ist es sehr wichtig, offen und direkt zu sein, und zugleich voller Respekt nicht nur gegenüber der Person, das ist ja selbstverständlich, sondern auch gegenüber dem Land, das der andere vertritt.

SCHÄUBLE: Wenn ich einen Punkt ergänzen darf: Die Initiative für dieses Projekt ging von Michel aus. Und ich habe dann gleich zugesagt. Vielleicht können wir damit einen Beitrag dazu leisten, zu erklären – auch anhand unserer beider Personen und Biographien –, worin die Unterschiede zwischen Deutschland und Frankreich bestehen und woher sie kommen. Denn natürlich sind die Franzosen anders als die Deutschen. Und nur wenn man das weiß, kann man das erreichen, was wir gemeinsam erreichen wollen und müssen.

SEUX: Noch ein Wort zur Sprache: Wenn man führenden deutschen oder französischen Politikern begegnet, hat man den Eindruck, dass mehr deutsche Politiker Französisch können als umgekehrt, von einigen Ausnahmen abgesehen. Sagt das etwas über die französisch-deutschen Beziehungen oder über das Verhältnis der beiden Länder, ihre Geschichte aus? Ist das beunruhigend? Schafft es ein Ungleichgewicht? Sollten die Franzosen insgesamt mehr Deutsch können, vor allem die führenden Politiker?

SAPIN: Das ist etwas, was nicht erst seit heute besteht, auch wenn in manchen Grenzregionen Deutsch gesprochen wird, entweder wegen der Grenzlage oder weil die regionale Sprache dem Deutschen sehr nah ist und die Geschichte sich so entwickelt hat. Im Elsass und an der Mosel zum Beispiel wird viel Deutsch gesprochen, und die Politiker aus dieser Region können meist Deutsch. Genauso ist es umgekehrt auf der deutschen Seite. Im Rheinland und in Baden, wo Wolfgang herkommt, gibt es eine größere Neigung zum Französischen als in Sachsen oder anderswo. Die geographische Nähe fördert den Austausch. Im Übrigen gilt: Je mehr Menschen die Sprachen unserer Nachbarn lernen, desto besser. Das Deutsche und das Französische sind schöne Sprachen mit all ihren Vorzügen. Das Englische ist für uns ein Werkzeug.

SEUX: Das ist hübsch gesagt.

SAPIN: Es ist ein Werkzeug, ein Kommunikationswerkzeug.

SCHÄUBLE: Ich habe einmal mit Nicolas Sarkozy vor seiner Zeit als Präsident, als wir beide Innenminister waren, darüber diskutiert, ob wir nicht in der kleinen Runde der

Innenminister – es gibt ja eine informelle Zusammenarbeit der Innenminister der größeren Länder: Frankreich, Großbritannien, Spanien, Italien, Polen und wir – auf die Übersetzung verzichten sollten, weil wir alle mehr oder weniger schlecht Englisch sprechen. Sarkozy hat dazu nein gesagt, die Engländer hätten dann einen Vorteil. Ich habe ihm geantwortet: »Im Gegenteil, Nicolas, wir werden damit die englische Sprache zerstören.« Das hat ihn schließlich dazu bewogen, den Vorschlag zu akzeptieren.

Wir werden international. Es ist in der Geschäftswelt eben so: Man redet Englisch. Und ich glaube, wir müssen auch in Europa Englisch als Common Language akzeptieren, jedenfalls auf der Arbeitsebene. Ich habe letzten Sommer mit einem Kollegen aus dem Europäischen Parlament diskutiert: Warum gibt es nicht eine Sondersitzung des Europäischen Parlaments zur Flüchtlingskatastrophe? Seine Antwort war: Wir können keine Sondersitzung abhalten, weil während der Sommerpause die Dolmetscher nicht zur Vefügung stehen.

WICKERT: Herr Schäuble hat also Französisch gelernt, weil er in Baden, nahe der Grenze, aufgewachsen ist. In Frankreich ist das Schulsystem ganz anders. Es heißt ja, wenn man mehrere Kinder hat, soll das intelligenteste Deutsch lernen, und die anderen …

SEUX: … Spanisch.

WICKERT: Genau. Sie, Monsieur Sapin, waren ein brillanter Schüler, warum haben Sie auf dem Gymnasium nicht Deutsch gelernt?

SAPIN: Ich weiß nicht, ob Sie mir schmeicheln wollen, wenn Sie sagen, ich sei besonders intelligent oder brillant gewesen, aber ich habe Russisch, Latein und Griechisch gelernt. Weder Deutsch noch Englisch.

SEUX: Das war damals die Zeit der *Union de la gauche,* der Vereinigung der Linken.

SAPIN: Es war noch davor. Aber es gab ein paar renommierte französische Gymnasien wie das Lycée Henri IV, wo Russisch damals als eine der wichtigsten Sprachen galt. Außerdem ist Russisch eine sehr schöne Sprache, großartig und schwierig. Man glaubte weniger daran, dass sie nützlich sei, als dass sie Intelligenz und Wissbegier fördere.

WICKERT: Wann war das, Ende der sechziger Jahre?

SAPIN: Ich habe 1970 Abitur gemacht, und ich habe bis zum Eintritt in die ENA (École Nationale d'Administration) weiter Russisch gelernt. Ich war der Einzige, der die Aufnahmeprüfung auf Russisch absolviert hat. Ich verstehe es heute noch, obwohl ich einiges vergessen habe. Aber ich kann eine Ansprache auf Russisch halten.

SEUX: Erzählen Sie uns ein wenig von dem, was Sie als junge Menschen gemacht haben. Welche Landeskenntnisse haben Sie? Sind Sie beide privat in Frankreich beziehungsweise in Deutschland herumgereist?

SCHÄUBLE: Ich bin 1942 geboren und in der französischen Besatzungszone aufgewachsen. 1961 habe ich Abitur gemacht. Als Schüler ist man damals noch nicht so viel gereist, das kam erst später. Aber ich war in Frankreich in einem Projekt der Kriegsgräberfürsorge.

WICKERT: Sie waren in Munster, also in den Vogesen, wo es im Ersten Weltkrieg die schrecklichsten Kämpfe gegeben hat. Dort haben Sie, glaube ich, den Soldatenfriedhof gepflegt …

SCHÄUBLE: Ja, es gibt ja viele dieser großen Soldatenfriedhöfe aus dem Ersten Weltkrieg. Übrigens ist es hochinteressant, dass diese Erinnerungsorte im Elsass heute Stätten des deutsch-französischen Austauschs sind. Im Jahr 2014 war ich dabei, als die Festung von Mutzig auf Initiative der Region Elsass ihren ursprünglichen Namen zurückerhielt …

WICKERT: Kaiser-Wilhelm-Feste!

SCHÄUBLE: Kaiser-Wilhelm-Feste! Und sie haben mich dazu eingeladen. Ich dachte, ich kann doch heutzutage nicht eine Festung auf Kaiser Wilhelm II. weihen! In Frankreich geht das. Es war einfach ein wunderbares Fest. Aber es ging ja auch um den Ersten Weltkrieg. Die Wunden vernarben. Wir beschäftigen uns ja bei der deutsch-französischen Aussöhnung, was die Symbolik betrifft, immer mit dem Ersten Weltkrieg, nicht mit dem Zweiten. Das ist sehr interessant.

WICKERT: Es gibt dieses berühmte Bild von Mitterrand und Kohl Hand in Hand vor der Totenhalle in Douaumont. Das war 1984, vor der Wiedervereinigung, und damals auch eine Reaktion darauf, dass die Bundesrepublik nicht zur 40-Jahr-Feier der Landung der Alliierten in der Normandie eingeladen wurde. Frankreich hätte Kohl ja gerne eingeladen, aber dann hätte man auch die DDR einladen müssen – und das ging natürlich nicht. Also hat man gesagt: Suchen wir einen Ausweg. Und so kam es zu dem gemeinsamen Besuch in Douaumont. Ich habe mit Kohl und auch mit Mitterrand darüber gesprochen, wie es zu diesem Moment Hand in Hand kam. Mitterrand sagte zu mir: »Ich erlebte einen Moment der Vereinsamung, da habe ich Kohl die Hand gegeben.«

SAPIN: Ja, das war ganz improvisiert und spontan. Ich erinnere mich gut an diesen Augenblick.

WICKERT: Und Kohl sagte: »Ich war froh, seine Hand nehmen zu können.«

SEUX: Monsieur Sapin, wie sind Ihre Erfahrungen mit Deutschland?

SAPIN: Ich stamme aus der Mitte Frankreichs und bin daher ohne kulturellen Austausch mit Deutschland aufgewachsen. Ich erinnere mich an eine Fahrt nach München, als ich klein war, aber wir sind kaum herumgefahren. Es wird Ihnen wunderlich vorkommen, aber ich habe Deutschland durch die Archäologie und die Numismatik entdeckt. Ich besaß eine außergewöhnliche Sammlung von Münzen, und meine erste Leidenschaft, mein erster Berufswunsch war Archäologe und Numismatiker. Die großen Ausgrabungen im Irak, in Babylon, wurden von deutschen Archäologen unternommen, und es gibt vieles auf Deutsch darüber. Auf diesem Umweg habe ich die deutsche Sprache entdeckt, und es hat mich zu Reisen nach Deutschland verlockt – und auch heute noch besuche ich immer wieder diese außergewöhnlichen Sammlungen. Ich bin sehr oft nach Deutschland gekommen – meistens in offizieller Funktion, manchmal auch privat, und gelegentlich sogar heimlich. Das war im Herbst und Winter 1992, als ich mit Theo Waigel zu tun hatte, der damals Finanzminister war. Wir haben uns oft getroffen, als es um die heikle Frage der französischen Zustimmung zum Vertrag von Maastricht ging und die ersten Schritte auf dem Weg zu einer gemeinsamen Währung, und diese Treffen waren oft streng geheim. Ich sehe Theo Waigel übrigens noch heute regelmäßig, er ist ein Freund geblieben.

WICKERT: Wir würden gerne über einen Begriff diskutieren, der in Deutschland und Frankreich sehr umstritten ist: Identität. Ich erinnere mich, dass Fernand Braudel in den achtziger Jahren drei Bände über die *Identität Frankreichs* veröffentlicht hat. Ich war damals Fernsehkorrespondent in Paris, und ich habe aus diesem Werk viel gelernt. Es wurde ins Deutsche übersetzt, aber der deutsche Titel lautete schlicht *Frankreich*, das heißt, man hat das Wort »Identität« einfach weggelassen. Am Tag der Deutschen Einheit, am 3. Oktober 1994, hielt der damalige Bundespräsident Roman Herzog eine Rede, in der er sagte: »Jeder Mensch hat eine Identität, aber ich habe immer noch keinen gefunden, der mir erklären könnte, was nationale Identität eigentlich ist – die uns angeblich fehlt und die wir angeblich dringend benötigen.« Ich dachte damals: Und in Frankreich schreibt ein Historiker drei Bände über etwas, das nicht existiert! Ich frage mich, warum man in Deutschland die Existenz einer nationalen Identität nicht anerkennen will, während es in Frankreich sogar einen »Minister für nationale Identität« gab. Wie sehen Sie die Frage einer nationalen Identität, und was sagt Ihnen das über Sie selbst?

SCHÄUBLE: Ich glaube, der Unterschied liegt in der Geschichte begründet. Europäische Geschichte war ja immer zu einem großen Teil die Geschichte Deutschlands und Frankreichs, auch in ihrer Unterschiedlichkeit. In Frankreich stand die nationale Identität nie infrage und ist etwas ganz Selbstverständliches, das geht bis zu den Grundlagen des Staatsangehörigkeitsrechts. In Deutschland war das anders. Und dann kommen noch die Katastrophen des vergangenen Jahrhunderts hinzu – der Erste Weltkrieg und mehr noch der Zweite Weltkrieg, durch den die Deutschen jegliche Grundlage für Identität zunächst einmal zerstört haben. Nun müssen wir langsam versuchen, sie wieder aufzubauen. Ich hatte einen akademischen Lehrer an der Universität, den Politikwissenschaftler Dieter Oberndörfer, der immer wieder gesagt hat: »Es gibt keine nationale Identität, das ist Unsinn.« Dann habe ich gefragt: »Und wenn Deutschland gegen Frankreich Fußball spielt, für wen sind Sie?« Daraufhin hat er geantwortet: »Natürlich für die deutsche Mannschaft.« – »Und warum?« Er konnte die Frage nicht beantworten. Es gibt eine emotionale Zugehörigkeit – das ist in Deutschland viel komplizierter als in Frankreich. Das muss man respektieren, aber wir müssen auch damit umgehen. In Deutschland war das verständlicherweise während der Nachkriegszeit und auch in der Zeit der deutschen Teilung ganz schwierig.

Ich erinnere mich an eine Begebenheit: Im Jahr 1987 feierte Berlin sein 750. Jubiläum. Damals gab es ein großes politisches Problem wegen des Status von Berlin, Deutschland war ja noch geteilt. Und als Chef des Kanzleramts musste ich mich darum kümmern, wie die Feiern in Westberlin aussehen sollten. Es gab die drei Hohen Kommissare der Alliierten, mit denen ich darüber verhandeln musste – das konnte nicht der Regierende Bürgermeister von Berlin, Eberhard Diepgen, tun. Es ging auch um die Frage, ob man Honecker nach Westberlin einladen und Diepgen anschließend zur Feier nach Ostberlin gehen sollte. Irgendwann hatten wir alle Fragen so weit gelöst, dass die Feier in Westberlin vorbereitet war. Da sprach mich Marion Gräfin Dönhoff, die Mitherausgeberin der *ZEIT*, an. Sie wissen ja, sie kommt aus einer konservativen preußischen Familie, die im Widerstand gegen Hitler war, und nach dem Krieg hat sie sich dem Hamburger Liberalismus zugewandt. Jedenfalls sprach Gräfin Dönhoff mich an und sagte, es gebe da ein Problem: Kohl wolle unbedingt, dass bei dem Festakt die Nationalhymne gespielt werde. Da habe ich zu ihr gesagt: »Gräfin, ich verstehe nicht. Wollen Sie mir sagen, dass bei der 750-Jahr-Feier der deutschen Hauptstadt die deutsche Nationalhymne nicht gespielt werden soll?« Und sie: »So ist es.« Darauf ich: »Aber das verstehe ich nicht.« Und sie sagte: »Dann hat es kein Sinn, dass wir reden.« Die Nationalhymne wurde dann am Ende gespielt – in der kammermusikalischen Version. Da zeigt sich immer noch die Wunde, die wir uns selbst zugefügt haben.

WICKERT: In der Zeit vor der deutschen Einheit hieß es, die deutsche Teilung sei die Strafe für Auschwitz. Das ist ja auch von vielen Intellektuellen während des Einheitsprozesses immer wieder gesagt worden, etwa von Günter Grass. Martin Walser wurde in den siebziger Jahren von der Kritik bestraft für den Satz: »Die Mecklenburgische Seenplatte gehört für mich zur deutschen Identität.« Das durfte man als kritischer Intellektueller im Westen nicht sagen.

SEUX: Die Frage an Sie beide: Wie würden Sie beide heute, im 21. Jahrhundert, ungeachtet aller Debatten, die französische und die deutsche Identität definieren? Und zweitens: Wie sehen Sie die Identität des jeweils anderen Landes? Was also, Monsieur Sapin, ist die französische Identität?

SAPIN: Ich glaube, das ist eine der kompliziertesten Fragen, und vielleicht auch eine der heikelsten, denn der Begriff kann für alle möglichen politischen Zwecke benutzt werden. Aber vielleicht geht es gar nicht so sehr um Identität, sondern um die Konstruktion einer Geschichte der beiden Nationen Deutschland und Frankreich, die so viele Unterschiede aufweisen. Frankreich ist ein Land, das auf zwei Prinzipien aufgebaut ist: Erstens die Zentralisierung. Natürlich gibt es die Provinzen wie die Bretagne, das Elsass, das Baskenland. Aber wir haben eine Zentralmacht, mit allem, was das an Kraft bedeutet, aber auch an Schwäche. Vor allem gibt die Zentralisierung uns Identität. Man identifiziert Frankreich mit der Macht, die in Paris und von dort aus im ganzen Land ausgeübt wird. Das ist ein erheblicher Unterschied dazu, wie sich Deutschland historisch entwickelt hat. Deutschland hat die Identitäten seiner Regionen bewahrt; die Identität von Bayern ist offensichtlich nicht dieselbe wie die von Sachsen oder Baden-Württemberg, kein Wunder in Anbetracht der unterschiedlichen Geschichte.

SEUX: Und was ist das zweite Charakteristikum?

SAPIN: Das zweite Charakteristikum, das sehr wichtig ist, wenn man verstehen will, wie Frankreich funktioniert, ist, dass die Identität Frankreichs – Historiker wie Braudel oder Le Roy Ladurie haben uns das gezeigt – nicht uniform, sondern im Gegenteil ein Gemisch ist. Frankreich ist ein Land der Mischungen, es ist sehr einig und zugleich sehr gemischt. Man sagt zwar immer »unsere Vorfahren die Gallier«, aber wie viele Franzosen haben wirklich gallische Vorfahren? Wir haben wahrscheinlich sehr viel mehr Vorfahren, Römer, Wisigoten, Sachsen, Wikinger, Spanier, Italiener …

SEUX: Was die französische Identität anbetrifft, kann man sagen: Man liebt sein Land und man ist gemischt?

SAPIN: Genauso ist es. Die Gefahr ist, dass manche glauben, da wir ein Staat sind, sei das ein Ausweis von so etwas wie »Reinheit«. Aber es gibt keine »reine Abstammung« der Franzosen. Wir Franzosen sind das Resultat von Mischungen. Das sage ich im Hinblick auf diejenigen, die die nationale Identität mit einer bestimmten Kategorie von Franzosen gleichsetzen: Den »guten« Franzosen gegenüber den anderen, die später gekommen sind oder die noch kommen und die französische Staatsbürgerschaft erwerben. Die französische Staatsbürgerschaft zu erhalten ist ein beträchtlicher Schritt zur Integration. Das macht Frankreich aus, und das stellen manche infrage, die diese Identität mit derjenigen verwechseln, die die Diversität zurückweist.

SEUX: Um die Beschreibung der französischen Identität abzuschließen: Was ist die französische Identität heute, im 21. Jahrhundert, ökonomisch und sozial?

SAPIN: Auch hier finden sich historische Unterschiede, die vielleicht die heutigen Differenzen in der Wirtschafts-politik und in deren Beurteilung erklären. Frankreich ist sehr einig, aber in Frankreich hängt die Wirtschaft sehr viel mehr vom Staat ab – nicht wie in einem sozialistischen Staat, sondern eher wie in einer Monarchie, man denke etwa an Colbert. In Frankreich sieht man das Funktionie-ren der Wirtschaft eher zentralistisch. Ein französischer Firmenchef wendet sich zuerst an den Staat, um zu erfah-ren, was er tun soll, selbst wenn man den Staat kritisiert. Daher passt sich die Wirtschaft den jeweiligen Entwicklun-gen nur unter größeren Schwierigkeiten an, das ist heute das größte Problem. In einer Zeit wie heute, wo sich die Dinge mit der Globalisierung immer schneller verändern, muss Frankreich sich mit der Frage beschäftigen, wie es seine Wirtschaft weiterentwickelt und – nehmen wir den Begriff – Reformen auf den Weg bringt. Der Begriff »Re-form« ist aus vielerlei Gründen, einschließlich der histori-schen und religiösen, in Deutschland positiv besetzt, bei uns hingegen ist das komplizierter. Bei uns wird Reform oft als Gefahr betrachtet, als eine Schwierigkeit. Eine der gegenwärtigen Herausforderungen ist es, die – wenn Sie so wollen – Identität unserer Wirtschaft zu bewahren und zugleich eine Reformbewegung zu vollziehen, die es uns ermöglicht, uns schneller anzupassen.

SEUX: Herr Schäuble, was macht die deutsche Identität aus?

SCHÄUBLE: Ich glaube, Michel hat in der Beschreibung der französischen Identität fast auch schon die deutsche Identität beschrieben. Die ist das genaue Gegenteil. Wir waren die längste Zeit unserer Geschichte kein Staat und hatten keine Hauptstadt. Dazu ist es erst im ausgehenden 19. Jahrhundert gekommen, das war reichlich spät. Die Geschichte verlief bei uns ganz anders. Die Deutschen mit ihren verschiedenen Stämmen sind erst durch die gemeinsame Sprache, und dies auch erst spät, durch gemeinsame Bräuche und Gewohnheiten allmählich zusammengewachsen. Deswegen spielt auch die Frage des staatlichen Territoriums bei uns eine ganz andere Rolle als in Frankreich, bis hin zur Regelung der Staatsangehörigkeit. Deswegen sind wir föderal strukturiert, mit all den Vor- und Nachteilen, die das mit sich bringt.

SEUX: Aber ist das heute immer noch so in den Zeiten der Globalisierung?

SCHÄUBLE: Ich komme gleich darauf zurück, möchte aber noch auf einen Punkt hinweisen. Im Britischen Museum in London gab es 2014 eine phantastische Ausstellung über Deutschland – kuratiert von Neil MacGregor, dem damaligen Direktor des Museums und inzwischen Gründungsintendanten für das Humboldt-Forum in Berlin. Diese Ausstellung begann mit drei deutschen Städten: Straßburg, Königsberg und Prag. Das kann nur ein Brite so machen, kein Deutscher hätte eine solche Ausstellung machen können. Und dabei ging es nicht um die Beschreibung irgendwelcher revanchistischer Gelüste, sondern um die deutsche Identität.

Deutsch sein ist eben nicht unbedingt mit einem staatlichen Territorium verbunden. Daraus ergeben sich die Unterschiede. Wie gesagt: Wir Deutschen waren nicht nur geteilt, wir hatten die längste Zeit gar keinen Staat. Das erklärt für mich im Nachhinein auch – was ich damals überhaupt nicht verstehen konnte –, warum es nach der Wiedervereinigung alles andere als selbstverständlich war, dass Berlin wieder Hauptstadt wurde. In Frankreich hätte man über so etwas gar nicht diskutiert, aber in Deutschland gab es eine Debatte darüber, ob das wirklich sein muss.

WICKERT: Sie haben damals mit Ihrer Rede im Bundestag wesentlich dazu beigetragen, dass die Entscheidung für Berlin gefallen ist.

SCHÄUBLE: Es war ja auch die richtige Entscheidung. Dass wir so lange keinen gemeinsamen Staat hatten, hat nun eine Reihe von Folgen. Eine davon ist, dass die Wirtschaftsstruktur eine ganz andere ist als in Frankreich. Frankreich hatte Colbert, wenn dann aber noch der Sozialismus dazukommt, ist das eher suboptimal. Wir haben in

Deutschland in der Wirtschaft föderale Strukturen, eine viel größere Vielfalt und eine größere Dezentralisation. Das ist historisch so entstanden.

WICKERT: Ich möchte zur Frage nach der Identität noch die nach den Werten hinzufügen – es gibt ja eine Verbindung zwischen diesen beiden Fragen. Was sind heute die Werte Frankreichs und was die Deutschlands?

SAPIN: Ich glaube eigentlich nicht, dass es so etwas wie französische und deutsche Werte gibt. Man hört sehr oft, Arbeit sei ein französischer Wert, aber Arbeit ist auch ein zutiefst deutscher Wert. In Frankreich wären da noch Freiheit, Gleichheit, Brüderlichkeit – ganz offensichtlich historische revolutionäre Werte, die aber über die revolutionäre Situation hinaus auf Dauer und in den unterschiedlichsten Denkschulen geteilt werden. Es gibt eine besondere Aufmerksamkeit für die Kultur. Wir reden oft von der kulturellen Ausnahmestellung Frankreichs. Die Kultur ist ein sehr wichtiger Bestandteil der französischen Identität. Das künstlerische Schaffen, ob auf dem Gebiet des Chansons oder des Films … Das ist ein Wert, den wir tragen, ein grundlegender Wert, der manchmal auch ökonomisch bedeutsam ist – wir verteidigen in den Verhandlungen über ein transatlantisches Abkommen unsere Besonderheit. Doch es gibt wohl kein gebildeteres, mehr kulturverbundenes Land als Deutschland mit seiner Musik, der Architektur, den Museen. Dennoch hat es keinen Kulturminister. Im Ministerrat der EU vertritt einer der Ministerpräsidenten der Länder die anderen als Kulturminister. Bei uns dagegen ist die Kulturministerin ein wichtiger Bestandteil unserer Identität. Wenn wir keinen Kulturminister hätten, wäre das in Frankreich eine Revolution. Auch das hat Tradition bei uns: der Wille des Zentralstaates, die Kulturpolitik zu tragen. Es ist eine Politik, die die Entwicklung der Kultur auf der nationalen Ebene fördert. So bleibt Frankreich eines der wenigen Länder in der Welt, das seinen Platz in der modernen Kultur behauptet, aber wir sollten deshalb nicht mit vor Stolz geschwellter Brust herumlaufen.

SEUX: Im Bereich Ökonomie und Soziales – gibt es auch da besondere Werte?

SAPIN: Es gibt keine Kultur des Kompromisses. Bei uns wird unter Kompromiss meist ein fauler Kompromiss verstanden. In Deutschland dagegen, habe ich den Eindruck, ist der Kompromiss ein Wert an sich.

WICKERT: Aber wenn man bei uns vom Kompromiss spricht, ist ja auch oft vom faulen Kompromiss die Rede.

SCHÄUBLE: Ein Land, das keine Zentralgewalt hat wie Frankreich, muss notwendigerweise auf einen gewissen Ausgleich angelegt sein. Man kann die Sozialpartnerschaft im Deutschland von heute nicht einfach auf Bismarck zurückführen. Entscheidend ist vor allem die Situation nach 1945 mit der Begründung der sozialen Marktwirtschaft nach der Katastrophe des Zweiten Weltkriegs. Die Übriggebliebenen hatten verstanden, dass es eine stärkere Gemeinsamkeit geben sollte und Wirtschaft und Gesellschaft ganz neu aufgebaut werden mussten. Wenn wir auf

Bismarck zurückkommen: Die Bismarck'schen Sozialver-
sicherungen waren ja eine Folge davon, dass Bismarck
das Deutsche Reich nach seiner Gründung stabilisieren
musste. Es war der Versuch, die soziale Frage zu entschärfen, die im Zuge der Industrialisierung immer drängender
geworden war. Und dabei war die Dynamik in Deutschland nach 1870 viel größer als in Frankreich, wo Napoleon
die Kräfte im 19. Jahrhundert ein Stück weit erschöpft
hatte. Deutschland hat den Vorsprung von Großbritannien
in der Industrialisierung dann sehr schnell aufgeholt – mit
all den Folgen, die wir im 20. Jahrhundert erlebt haben.

WICKERT: Sie haben die Geschichte angesprochen. Ich
möchte noch einen Schritt weiter zurückgehen. In Aachen
wird jedes Jahr der Karlspreis für Verdienste um Europa
und die europäische Einigung verliehen. Sie, Herr Schäuble,
haben ihn 2012 bekommen. Mich würde interessieren, wie
Sie über Karl den Großen denken.

SCHÄUBLE: Ich glaube, Karl der Große ist zu weit entfernt.
Natürlich hat die europäische Geschichte in einem gewissen Sinn mit Karl dem Großen ihren Anfang genommen.
Aber als ein Modell für heute taugt dies nicht, ich sehe da
auch zu wenig emotionale Beziehungen. Der Karlspreis
für europäische Verständigung ist etwas Wunderbares,
aber Karl der Große? Man muss, wenn es um die europäische Geschichte geht, vielmehr an etwas anderes erinnern.
Eines der großen Werke über die deutsche Geschichte im
19. Jahrhundert, verfasst von Thomas Nipperdey, beginnt
mit dem Satz: »Am Anfang war Napoleon.« Die deutsche
Geschichte im 19. Jahrhundert ist nur durch die Französi-

sche Revolution und dann Napoleon zu erklären. Und das geht ja noch weiter zurück bis zu Ludwig XIV. Im Herzen Europas hat man damals Französisch gesprochen. Friedrich der Große sprach miserabel Deutsch, aber fließend Französisch. Er hat ja auch von der deutschen Kultur viel weniger gehalten als von der französischen.

WICKERT: Deswegen war Voltaire bei ihm.

SCHÄUBLE: Ja. Insofern war ich schon ein bisschen überrascht, dass du, Michel, die Französische Revolution so zurückgestellt hast. Meiner Meinung nach ist die Revolution für Frankreich etwas sehr Konstitutives. Und nicht nur für Frankreich. Sie hat ja, unter französischer Führung, dann auch Europa grundlegend verändert.

SEUX: Noch einmal zur europäischen Identität. Ich habe den Eindruck, dass man in Deutschland und Frankreich nicht ganz dieselbe Vorstellung davon hat, was das sein könnte. Es kann so vieles sein: Solidarität, gemeinsame Werte, ein gemeinsamer Raum, ein Wirtschaftsraum. Ist es für Sie ein Raum des gemeinsamen Rechts und der Regeln, ein Raum des Wohlstands, der Solidarität?

SCHÄUBLE: Vielleicht habe ich eine weniger enge Bindung an die Nation als ein Franzose. Für mich jedenfalls ist die europäische Identität viel mehr als das, was Sie aufgezählt haben. Ich glaube nicht, dass die Nation im 21. Jahrhundert unsere alleinige Identität sein wird, ich glaube an eine mehrschichtige Identität. Ich bin Deutscher, ich bin Badener, aber ich bin auch Europäer. Und deswegen kann ich mir auch viel leichter vorstellen als so mancher Franzose, dass wir einen Teil dessen, wofür wir heute als nationales Parlament und nationale Regierung zuständig sind, auf die europäischen Institutionen übertragen.

WICKERT: Ist das eine Frage der Souveränität?

SCHÄUBLE: Ja, und das ist für uns viel leichter als für Frankreich, das habe ich immer respektiert. Europa ist für mich eine Gemeinsamkeit. Natürlich kann man fragen: Was ist Gemeinsamkeit? Das sieht jeder ein bisschen anders. Wenn ich Europa mit anderen Kontinenten vergleiche, definiert es sich dadurch, was uns von diesen anderen unterscheidet. Solche Abgrenzungen sind nie ganz präzise, aber im Kern wissen wir schon, was Europa von Asien, von Amerika und von Afrika unterscheidet. Das müssen wir noch stärker entwickeln, denn aus dem gemeinsamen Selbstverständnis wächst nach und nach auch ein stärkeres Verständnis von Solidarität, von gemeinsamer Verantwortung. Oder, wie wir Deutschen zu sagen pflegen: eine Schicksalsgemeinschaft.

SEUX: Sie sagen: »Wir wissen, was uns von Asien usw. unterscheidet.« Aber was ist das denn genau? Es gibt dort auch Länder, die ein ähnliches Entwicklungsniveau erreicht haben. Was macht für Sie beide im Kern die europäische Identität aus? Die jungen Leute studieren heute in der ganzen Welt, in Singapur, in Australien, in Kanada. Macht es für sie denn einen Unterschied, ob sie nach Berlin oder nach Montreal gehen? Was sagen Sie ihnen mit Blick auf die Zukunft?

SCHÄUBLE: Sie können die junge Generation nicht einfach so fragen: Was ist die deutsche Identität und was die europäische? Solange wir nicht vor konkrete Herausforderungen gestellt sind, ist das immer ein bisschen schwierig zu sagen. In dem Moment aber, wo die Herausforderungen spürbar werden, wächst auch das Bewusstsein: Wir müssen sie angehen. Ich nenne ein aktuelles Beispiel. Die Frage, wie Flüchtlinge aus Afrika im Mittelmeer, in Italien, in Griechenland behandelt werden, ist nicht nur eine Frage für Griechenland und für Italien, sondern für ganz Europa. Und wir werden in der Öffentlichkeit dafür verantwortlich gemacht, diese Frage zu lösen, Frankreich ebenso wie Deutschland. Das ist eine europäische Aufgabe. Diese Menschen wollen nach Europa, weil sie von Europa eine Vorstellung haben. Und wir Europäer würden uns selber aufgeben, wenn wir darauf nicht eine den europäischen Werten entsprechende Antwort fänden. Ich sehe darin gar nicht so sehr die Bedrohung, ich sehe vielmehr die Chance …

WICKERT: Nämlich welche?

SCHÄUBLE: Dass wir wieder begreifen: Wir treiben nicht einfach so dahin, es gibt gemeinsame Aufgaben, und denen müssen wir uns stellen. Ich sollte einmal in den achtziger Jahren, einige Jahre vor der Wiedervereinigung, in den Münchner Kammerspielen einen Vortrag halten zum Thema deutsche Identität. Die Frage war: »Wie steht es um die deutsche Identität in den Zeiten der Teilung?« Dort habe ich damals gesagt: Wir werden die gemeinsame Identität mit den Aufgaben finden, die sich uns stellen und die wir nur gemeinsam bewältigen können. Die Ukraine beispielsweise ist eine europäische Herausforderung, ob wir dies wollen oder nicht. Die Flüchtlingsfrage ist eine noch dringendere Herausforderung. Afrika ist eine europäische Herausforderung. Wir werden nicht sagen können: Um Afrika mögen sich bitte die kümmern, die in der Kolonialzeit dort die Machthabenden waren, die anderen geht dies nichts an. Wir hätten schließlich damals ja auch gerne mitgemischt, wenn man uns gelassen hätte. Das meine ich mit Schicksalsgemeinschaft. Wir werden diese Aufgaben als Europa gemeinsam bewältigen, oder wir werden sie gar nicht bewältigen.

SEUX: Monsieur Sapin, was ist die europäische Identität für Sie?

SAPIN: In Frankreich wird um die Fragen europäischer Identität und nationaler Souveränität eine sehr wichtige Debatte geführt. Man könnte sagen, dass die europäische Identität eine Art Schicksalsgemeinschaft ist. In einer Schicksalsgemeinschaft hat man eine bestimmte Menge von gemeinsamen Werten. Die aus der Sowjetunion hervorgegangenen Staaten konnten der Europäischen Union erst beitreten, nachdem sie die demokratischen Werte nicht nur akzeptiert, sondern sie zum Bestandteil ihrer eigenen Identität gemacht hatten. Die Einhaltung dieser Werte gehört zu den Voraussetzungen für den Beitritt eines Landes zur Europäische Union. Wir sehen heute – im Falle Ungarns seit einigen Jahren und neuerdings auch am Beispiel Polens –, dass diese Errungenschaft ein recht zerbrechliches Gut ist. Demokratische Werte allein genügen heute nicht mehr, diese Schicksalsgemeinschaft muss sich auch auf eine gemeinsame Kraft, eine gemeinsame Stärke gründen. Damit meine ich natürlich ökonomische Stärke, aber das ist es nicht allein.

Es stellt sich auch das Problem der Streitkräfte, denn die Stärke der Schicksalsgemeinschaft muss sich auch in der Fähigkeit ausdrücken, zu beeinflussen, was um sie herum geschieht – in der Ukraine oder in Mali oder in Syrien. Sonst würden unsere Werte in der heutigen Welt sehr schnell in der Schublade verschwinden.

SEUX: Sie meinen, Deutschland tut auf der militärischen Ebene nicht genug? Hätten Sie sich gewünscht, dass Deutschland sich in Afrika, in Mali usw. militärisch beteiligt?

SAPIN: Ich kenne die Diskussionen in Deutschland gut genug, um zu wissen, dass solche Fragen nicht von einem Tag auf den andern gelöst werden, diese Dinge müssen sich entwickeln. Aber ich bin überzeugt davon, dass zu dieser gemeinsamen Stärke auch militärische Stärke gehört, wie auch immer sie sich ausdrückt. Frankreich und England besitzen heute größere militärische Stärke, andere Länder können nach und nach militärische Kapazitäten aufbauen. Aber das Problem ist die Souveränität. Kann man eine militärische Streitkraft einsetzen, ohne dass es eine Art Souveränität auf europäischer Ebene gibt?

François Hollande – wir reden oft über dieses Thema, wir stehen uns ja sehr nahe – hat mir gesagt, seine schwierigste Entscheidung in den letzten Jahren sei es gewesen, Männer und Frauen zum Kämpfen ins Ausland zu schicken, denn damit bringe man sie in die Gefahr zu sterben – und in die Gefahr, zu töten. Aber wenn Sie das beschließen, wenn Sie beschließen, Leute zu töten, in wessen Namen tun Sie das? Kann man das heute im Namen einer europäischen Identität tun? Ich glaube nicht, so weit sind wir noch nicht. Man muss das nach und nach aufbauen, das gehört zu den ganz großen Herausforderungen.

SCHÄUBLE: Ich stimme hundertprozentig damit überein. Deswegen sind all die Debatten, Deutschland könne es allein und wir seien jetzt der Hegemon in Europa, großer Unsinn. Ökonomisch sind wir im Augenblick vielleicht stärker, weil wir auch weniger Schwierigkeiten zu überwinden haben, da haben wir begriffen, dass es notwendig ist, uns an die Globalisierung anzupassen. Politisch und erst recht militärisch kann Deutschland aber nicht führen, weil wir uns selber im vergangenen Jahrhundert so verwundet haben, dass es lange Zeit braucht, bis wir das überwunden haben. Deswegen haben alle deutschen Kanzler – von Adenauer bis Merkel – gewusst: Es geht nur zusammen, mit unseren unterschiedlichen Möglichkeiten. Wenn wir es schaffen, deutsche wirtschaftliche Stärke oder Anpassungsfähigkeit mit französischer politischer Führungskraft zu kombinieren, ist das ein klarer Mehrwert für alle. Unsere Reaktion auf die russische Besetzung der ukrainischen Krim hat das bewiesen, das war der richtige Ansatz. Wir brauchen da einen langen Atem. Die europäische Einigung hat einmal angefangen mit einer europäischen Verteidigungsgemeinschaft. Die war in Deutschland kein Problem, aber in Frankreich …

WICKERT: In Frankreich sehr wohl.

SCHÄUBLE: Ja, aber das ist doch auch verständlich. Warum sollte man noch nicht einmal zehn Jahre nach dem Ende des Zweiten Weltkriegs dies in Frankreich akzeptieren? Dann ist man einen anderen Weg gegangen. Wir hatten die deutsch-französische Brigade, und wenn sie eingesetzt werden sollte, ging das nicht, weil inzwischen das deutsche Verfassungsgericht eine Rechtsprechung entwickelt hatte, dass dazu der Deutsche Bundestag hätte zustimmen müssen. Das heißt: Wenn wir europäische Verteidigungskapazitäten aufbauen wollen – und wir werden und müssen das tun in den kommenden Jahren –, dann kommt es darauf an, einen Weg zu finden, um von dieser Form von nationaler Parlamentsbeteiligung ein wenig Abstand zu nehmen. Ob dann ein europäisches Parlament diese Rolle übernehmen kann, das weiß ich auch nicht.

Ich kann die Diskussion mit dem Präsidenten, von der du, Michel, berichtet hast, gut nachvollziehen. In wessen Namen entsenden wir Menschen, um zu töten und dabei womöglich auch getötet zu werden? Das ist für einen deutschen Politiker eine Frage, mit der wir noch nicht gelernt haben umzugehen. Aber jetzt müssen wir anfangen, es zu tun. Heute muss Europa, wenn wir für unsere Werte eintreten, auch ein Stück weit Stabilität im Sinne unserer Werte schaffen. Das ist für Deutschland ein weiterer Weg als für andere. Und deswegen ist es gut, dass wir in Europa nicht nur Deutschland haben.

SEUX: Sie sagen, in Deutschland gibt es eine Zurückhaltung, die historisch begründet ist. Aber wie lange soll diese

Zurückhaltung noch bestehen? Fünf, zehn oder fünfzehn Jahre? Halten Sie es für möglich, dass Sie eines Tages sagen: Jetzt machen wir es anders, wir stehen zur ökonomischen Stärke Europas und verwandeln sie in politische Stärke?

SCHÄUBLE: Ich hoffe, dass dieser Moment möglichst bald kommt, weil ich nicht glaube, dass die Nation und nationale Souveränität die Aufgaben des 21. Jahrhunderts ausreichend meistern können. Aber ich respektiere, dass das in Frankreich oder in Großbritannien ein längerer Weg ist. Aber Frankreich hat sich sehr bewegt.

WICKERT: Deutschland aber auch. Kurz nach der deutschen Wiedervereinigung gab es ja 1999 die Entscheidung darüber, ob sich Deutschland am NATO-Einsatz im Kosovokrieg beteiligt. Das war das erste Mal, dass die Frage anstand: Töten die Deutschen wieder? Der sozialdemokratische Verteidigungsminister Rudolf Scharping und Außenminister Joschka Fischer von den Grünen argumentierten damit, dass sie sagten: »Nie wieder Srebrenica!« Das Argument war: Wir müssen verhindern, dass es noch einmal einen Völkermord gibt. Man hat das später dann abgewandelt in: »Nie wieder Auschwitz!« Das war der erste Schritt, der Deutschland verändert hat.

Vor wenigen Jahren hat der ehemalige französische Außenminister Hubert Védrine in Berlin eine Rede gehalten und gesagt: »Ich möchte, dass Deutschland normaler wird.« In der anschließenden Diskussion hat Fischer dies abgelehnt mit den Worten: »Nur von Leuten im Irrenhaus sagt man, sie seien nicht normal. Wir sind normal!«

Seux: Monsieur Sapin, erwarten Sie, dass Deutschland normal wird? Und wenn ja, wann?

Sapin: Man könnte diese Frage in Bezug auf andere Dinge auch an Frankreich stellen. Ich glaube, so etwas wie Normalität können wir nur erreichen, wenn wir auf europäischer Ebene Fortschritte machen. Der Fortschritt Europas wird es ermöglichen, die heutigen nationalen Gegensätze zu überwinden, die, solange man auf deutschem oder französischem Territorium bleibt, manchmal unversöhnlich scheinen.

Seux: Jahrelang gab es eine Art Gleichgewicht, das heißt Frankreich war ständiges Mitglied im UNO-Sicherheitsrat und hatte auf diese Weise diplomatisches Gewicht, Deutschland hingegen die Wirtschaftsmacht. Auf der europäischen Ebene war das Verhältnis ausgeglichen, denn Europa wurde von Frankreich und Deutschland zusammen geführt.

Wickert: Ja, aber Frankreich traf die politische Entscheidung, und Deutschland bezahlte.

Sapin: Das sagt man in Deutschland.

Seux: Viele europäische Länder und deren Bevölkerungen haben das Gefühl, dass dieses Gleichgewicht nicht mehr so recht vorhanden ist, dass Deutschland das Schicksal Europas, um nicht zu sagen hegemonial, aber doch mit Macht steuert. Hat sich da in den letzten zehn Jahren etwas verändert? Ist das Gleichgewicht gestört?

SCHÄUBLE: Natürlich kann man Prinzipien einander gegenüberstellen – Deutschlands wirtschaftliche Stärke, Frankreichs politische Stärke –, und natürlich stellen sich unterschiedliche Schwierigkeiten aus der Vergangenheit ein. Aber wir bewegen uns doch. Beide bewegen sich. Frankreich passt sich an die wirtschaftliche Globalisierung an und entwickelt sich jeden Tag. Und Deutschland auch. Ein Beispiel geradezu aus dem Lehrbuch ist unsere Reaktion auf die Herausforderung im Zusammenhang mit der Ukraine und Russland: Wir werden auf Gewalt nicht mit mehr Gewalt reagieren. Aber wir werden Gewalt nicht akzeptieren, wir werden die politischen und wirtschaftlichen Instrumente, die wir haben, einsetzen, und damit werden wir auf längere Sicht gewinnen. Das haben Frankreich und Deutschland gemeinsam bewerkstelligt. Denn wir wollen ja nicht in Europa in die falschen Reaktionsweisen zurückfallen, die vor hundert Jahren zum Ersten Weltkrieg geführt haben. Wir wollen aus der Geschichte lernen. Und Europa ist die Lektion aus der Geschichte.

In Europa kommt noch etwas hinzu, was wir in Deutschland aus unserer Vergangenheit heraus vielleicht ein wenig stärker verinnerlicht haben als Frankreich: In dem Moment, wo wir glauben, Paris und Berlin könnten Europa alleine bestimmen, machen wir einen schweren Fehler. Alle erwarten von uns, dass Paris und Berlin Führungsverantwortung übernehmen, aber alle erwarten auch, dass wir darauf Rücksicht nehmen, dass alle anderen, ob groß oder klein, die gleichen Rechte haben.

SEUX: Aber es hat sich doch etwas verändert in den letzten zehn Jahren.

SAPIN: Was mich betrifft, habe ich nie geglaubt, dass Deutschland – wie so oft gesagt wurde – wirtschaftlich ein Riese und politisch ein Zwerg sei, auch nicht vor der Wiedervereinigung. Genauso wenig kann man sagen, dass Frankreich politisch ein Riese und wirtschaftlich ein Zwerg gewesen wäre. Frankreich ist eine bedeutende Wirtschaftsmacht, auch wenn es nach 1945, als die Vereinten Nationen und der Sicherheitsrat geschaffen wurden, vor allem eine politische Rolle gespielt hat, die Deutschland in diesem Kontext nicht spielen konnte.

Aber die Wiedervereinigung hat die Gewichte verschoben. Frankreich hat die deutsche Wiedervereinigung bewundert und unterstützt, auch wenn man den berühmten Ausspruch im Kopf hat: »Ich liebe Deutschland so sehr, dass ich froh bin ...«

SCHÄUBLE: »... dass es zwei davon gibt.« François Mauriac hat das gesagt, der französische Literaturnobelpreisträger.

SAPIN: Ja, das kennen wir alle. – Die deutsche Wiedervereinigung hat einige Fragen aufgeworfen:

Erstens: Deutschland hat unter seiner Teilung gelitten, aber mit der Wiedervereinigung wurde es zur demographisch größten Macht in Europa, was es vorher nicht war.

Zweitens: Bis dahin hatte es sich dem Westen zugeneigt – zwangsläufig, und nun fragte man sich: Würde es sich in Zukunft noch genauso für das interessieren, was im Westen geschieht, wie für das, was im Osten geschieht?

Drittens erhielt Deutschland durch den Fall der Mauer

eine Art Hinterland, was seine Wettbewerbsfähigkeit gefördert hat.

Viertens: Die politische Frage, die sich der Generation
von François Mitterrand stellte: Würde Deutschland sich
nicht wieder in dieselbe Richtung entwickeln wie damals,
mit allem, was das an »Katastrophen« – ich nehme den Begriff auf, den du verwendet hast – über Deutschland und
Europa gebracht hat?

Und meinem Eindruck nach wurde diese Frage auch
in Deutschland gestellt. Aber die Antwort darauf war die
gemeinsame Währung, die angesichts der Stärke der deutschen Mark bei den Deutschen etwas ganz Unwahrschein-
liches war. Sie wurde auf diesem Umweg angegangen.

Kurzum: Deutschland wurde seit der Wiedervereinigung enorm gestärkt, aber es hat immer Mittel ergriffen –
das schönste für mich ist die gemeinsame Währung –, um
den Eindruck zu vermeiden, es ginge nur um seine Selbst-
behauptung.

Ich erinnere mich sehr gut daran, dass François Mitterrand, der rein gar nichts von Währungsdingen und von
der Wirtschaft verstand – ich muss das wissen, ich war
sein Finanzminister –, mir gesagt hat: »Die Einheitswährung wird es Deutschland erlauben, dass es auf dem Kontinent bleibt.« Aber der Euro war unser gemeinsames Projekt, und wir wissen sehr gut, dass die Deutsche Mark für
euch ein Heiligtum war …

SCHÄUBLE: Das war der Gründungsmythos der Bundesrepublik Deutschland!

Sapin: Genau. Schließlich noch ein Punkt: Auch wenn der Kern von allem – oder auch die Schwierigkeit von allem – Frankreich und Deutschland ist, kann Europa nicht nur um Frankreich und Deutschland aufgebaut werden. Das wäre ein schwerer Fehler. Eine Hegemonie zu zweit wäre nicht besser als die Hegemonie eines einzigen. In diesem Kontext, wo es ein wirtschaftlich sehr starkes Deutschland gibt, das auch politisch legitimen Einfluss erwirbt, und Frankreich, das eine anerkannte politische Macht ist und gern auch eine wirtschaftliche Macht wäre, könnte man es nicht schaffen, wenn es nicht den Respekt vor den anderen, den Willen zum Dialog mit den anderen gäbe. Das spüren wir deutlich in all unseren Gesprächen. Manchmal sogar physisch …

Seux: Wie kann man sich das vorstellen?

Sapin: Ich habe mit Wolfgang darüber nie gesprochen, ich beschreibe es so, wie ich es empfinde. Da ist zum Beispiel die Reihenfolge. Unter 28 stellt sich die Frage: In welcher Reihenfolge reden wir? Wer redet als erster? Und wer danach? Wie drückt der Nachfolgende sich aus, stützt er sich auf den anderen oder grenzt er sich ab? Wie viel Raum lassen wir den anderen, sich zu äußern, um zusammen zu einem Konsens zu finden – denn die meiste Zeit muss man einen Konsens finden? Der Konsens kann sich nicht gegen Deutschland oder Frankreich bilden, er bildet sich um etwas, das notwendig ist, um eine bestimmte Sache … Manchmal verständigen wir uns dabei mit Blicken: Du bist als erster dran.

SCHÄUBLE: Ja, ja.

SAPIN: Und das gehört zu der Art, wie wir es schaffen, einen Konsens oder einen Kompromiss zu finden. Oder zumindest einen Weg, mit unseren Differenzen umzugehen. Manchmal geschieht das auch, um zu signalisieren, dass wir uns nicht einig sind. Wenn wir uns die ganze Zeit einig wären, fänden die anderen das sehr unangenehm. Aber an dem Tag, wo wir unsere Uneinigkeit feststellten, wären sie verloren, sie würden sich fragen, was passieren wird.

SEUX: Würden Sie sagen, die europäische Identität sei glücklich, die Europäer heute seien glücklich?

SCHÄUBLE: Das ist so eine Frage … Ich glaube, eine moderne Gesellschaft will gar nicht zugeben, dass sie glücklich ist. Also, in Deutschland ist es so: Man ist höchstens an Festtagen glücklich. Wir können ja inzwischen sogar unseren nationalen Feiertag feiern. Das konnten wir vorher nie, aber seit einigen Jahren ist der 3. Oktober ein schöner Festtag. Wir halten keine Militärparaden ab, das würde nur stören, wir feiern ein großes Volksfest. Ich weiß nicht, was etwa die Balten oder die Polen antworten würden, wenn Sie sie fragen würden, ob sie glücklich seien. Aber wenn wir unsere europäischen Aufgaben meistern, dann wird sich auch in Europa wieder dieses Gefühl durchsetzen.

SEUX: Aber zugleich werden in ganz Europa die extremistischen Parteien immer stärker – bei Ihnen, bei uns, in Ungarn, überall. Die Resultate der letzten Europawahlen waren nicht gerade glänzend. Es gibt ein Unbehagen an Europa, und man muss die Gründe dafür suchen.

SCHÄUBLE: Ich kenne die französischen Debatten, und ich kenne auch die französischen Wahlergebnisse. Und ich weiß, dass der Front National schon zu Zeiten von Jean-Marie Le Pen, der nun von seiner Tochter aus der Partei ausgeschlossen worden ist, beachtliche Wahlergebnisse erzielt hat. Das kommt also nicht überraschend. In Griechenland hat sich die Syriza-Bewegung gespalten. In Spanien gibt es eine andere Entwicklung, dort gibt es bislang keine rechte Protestpartei. In Deutschland hat sich die Partei, die sich in den letzten Jahren in diese Richtung entwickelt hat, auch schon wieder gespalten. Allerdings wird sie dadurch immer radikaler und fremdenfeindlicher. In den Niederlanden war das letzte Wahlergebnis für die Rechte viel geringer, als es erwartet worden war, in Finnland ebenso. Dass in Zeiten wie diesen, mit den vielen Veränderungen, die Ränder des politischen Spektrums zunehmen, kann uns nicht überraschen – das können Sie auch in Großbritannien und in den Vereinigten Staaten von Amerika beobachten, wenn Sie sich den Vorwahlkampf dort anschauen. Das muss uns nicht zu sehr schrecken. Ich glaube, wir haben in den europäischen Ländern eine klare, breite Mehrheit für Demokratie, für Toleranz und auch für Solidarität. Und das ist unsere Verpflichtung.

WICKERT: Wir sollten, wenn es um die europäische Identität geht, vielleicht noch etwas über Ihre persönlichen Laufbahnen sprechen. Herr Schäuble, Sie sind seit 43 Jahren im Bundestag. Sie sind der dienstälteste Abgeordnete.

Und Sie sind einer der letzten amtierenden Politiker, die im Krieg geboren wurden. Wenn Sie die jüngere Geschichte Deutschlands betrachten, sehen Sie vor allem – bis hin zu Kohl und Genscher – Politiker, die als junge Leute den Krieg erlebt haben. Genscher war als Siebzehnjähriger sogar noch Soldat. Sie waren von der Geschichte beeinflusst, sie haben gesagt: »Ich gehe in die Politik, damit so etwas nicht mehr geschieht.« Sie, Herr Schäuble, sind ja später geboren, das heißt, Sie haben bereits eine andere Biographie. Sie haben schon von Ihrem Geburtsort gesprochen und davon, wo Sie aufgewachsen sind, in der französischen Besatzungszone. Dort haben Sie die Folgen des Krieges erlebt. Hat das eigentlich in Ihrer Biographie eine wichtige Rolle gespielt?

SCHÄUBLE: Nein, weil ich das Wort »Besatzungszone« gar nicht als etwas Negatives wahrgenommen habe. Ich habe aus der Kleinstadt, in der ich aufgewachsen bin, überhaupt keine irgendwie geartete unfreundliche Erinnerung an die französische Besatzung. Überhaupt keine. In dem Haus, in dem wir gelebt haben, einem Mietshaus, war auch der in dem Ort kommandoführende Offizier einquartiert. Der erschien uns immer als ein freundlicher Mann. Nun müssen Sie wissen, ich bin Ende 42 geboren. Meine Erinnerung setzt erst in der Zeit ein, als die D-Mark kam. Ich habe keine Erinnerung an die ganz schlechten Jahre. Und ich bin in für diese Zeit vergleichsweise moderaten Verhältnissen aufgewachsen. Mein Vater war schon seit 46 im Badischen Landtag, er war durch Hitler überhaupt nicht belastet und hat sich für Politik interessiert. Da blieb nicht viel anderes übrig, als in die Politik zu gehen. Und auch ich habe mich sehr schnell für Politik interessiert. Das begann schon in der Schulzeit. Und dann waren da natürlich Adenauer und die großen Debatten. Ich habe noch eine gute Erinnerung an den 17. Juni 1953. Ich habe am Radio gesessen und die Reportagen gehört. Ich bin jetzt Minister in einem Ministerium, wo einst am 16. Juni 53 der Aufstand praktisch direkt vor der Haustür begonnen hat. Ich erinnere mich daran, dass unsere Eltern damals – übrigens auch schon drei Jahre zuvor, als der Koreakrieg begann – Angst hatten, es gäbe wieder Krieg in Europa. Für meinen Jahrgang hingegen war Krieg etwas, das wir gar nicht so richtig kannten. Deswegen waren die Westintegration und die Freundschaft mit Frankreich für mich das Prägende. Und das erklärt natürlich in vielerlei Hinsicht, warum ich so geworden bin.

SEUX: Die erste politische Erinnerung, die erste Erinnerung an die internationale Politik war für Sie also der Koreakrieg. Aber was ist Ihre erste Erinnerung – als Kind oder als Heranwachsender – an die europäische Frage?

SCHÄUBLE: Ich denke, ich habe damals irgendwie mitbekommen, dass die großen Hoffnungen, von Robert Schumann bis hin zu den großen Gründungseuropäern, mit dem Nein der Französischen Nationalversammlung zur Europäischen Verteidigungsgemeinschaft 1954 einen schweren Schlag erlitten hatten. Aber wir sind in dem Jahr auch Fußballweltmeister geworden, und das war noch wichtiger für einen zwölfjährigen Jungen. Und dann natürlich das Ringen um das Saarland bis hin zu der Volksabstimmung über die Europäisierung 1955. Und die Erfahrung, dass, nachdem das Referendum gescheitert war, die Absprache über den Beitritt zu Deutschland dann ganz schnell ging und dazu noch ganz einvernehmlich erfolgte. Das war ja die Grundlage für die weitere Entwicklung.

WICKERT: Hat Sie eigentlich die Saar-Entscheidung inspiriert, als Sie ganz wesentlich an der deutschen Wiedervereinigung beteiligt waren, als Sie den Einigungsvertrag aushandeln mussten?

SCHÄUBLE: Also, die Idee für den Einigungsvertrag stammt ja von mir. Ich habe, als die Mauer gefallen war und Helmut Kohl seinen Zehn-Punkte-Plan vorstellte, gleich gedacht, der würde nicht ausreichen. Aber es war natürlich richtig, dass Kohl nicht stärker gedrängt hat. Dann habe ich angefangen, darüber nachzudenken, was alles passieren würde. Und mir war auch klar, es würde der Innenminister gefragt werden: Wie machen wir das? Und dann habe ich mir in der Tat angeschaut, wie das denn damals war bei der Saarfrage. Da gab es am Ende einen Vertrag zwischen Deutschland und Frankreich, der bestimmte Absprachen garantierte, die für das Saarland getroffen wurden. Dass wir die deutsche Wiedervereinigung nicht in einem Vertrag mit der Sowjetunion regeln würden und die Sowjetunion nicht mit uns, war dann auch wiederum klar. Aber wir könnten ja die Bedingungen der Wiedervereinigung vorher in einem Vertrag aushandeln, damit die Menschen in der DDR wissen, was passiert, wenn sie darüber entscheiden, ob sie beitreten wollen oder nicht. Das war der Einigungsvertrag. Und diese Idee habe ich in den Weihnachtsferien 1989/90 entwickelt. Ich hatte übrigens schon im Dezember 1989 gesagt, und das hat mir Kritik von Kohl eingebracht: »Ich glaube nicht, dass wir nächstes Jahr – 1990 standen Bundestagswahlen an – noch Bundestagswahlen in elf Ländern haben werden.« Da hat man gesagt, dies sei völlig verrückt. Es war dann aber so. Und ich habe auch intern gesagt, öffentlich durfte ich es nicht sagen: »Wir müssen die D-Mark in der DDR einführen.« Denn wir hatten ja eine immense Fluchtbewegung von Ost nach West. Das ist die Dominanz des Ökonomischen.

WICKERT: Damals hieß es: Wenn die D-Mark nicht zu uns kommt, kommen wir zur D-Mark.

SCHÄUBLE: Ja, und wir hatten jeden Tag Tausende von Übersiedlern aus der DDR. Oskar Lafontaine hat gefordert: Wir müssen die Leute wieder zurückschicken. Und wir haben gesagt: Das kann man nicht machen. Erst sagen wir, macht die Mauer auf, und jetzt bauen wir eine Mauer aus Paragraphen. Aber viele haben erwartet, dass das nach der Wahl zur Volkskammer der DDR am 18. März 1990 so gemacht wird, auch in der CDU. Und ich habe gesagt: Ich mache das nicht. Ich war damals schon stur und habe mich mit Genscher verabredet ...

WICKERT: Damals waren Sie Innenminister.

SCHÄUBLE: Ja, ich war Innenminister. Ich habe mich mit Außenminister Genscher verabredet. Und zwei Tage nach der Volkskammerwahl haben wir in der Koalitionsrunde beschlossen: Wir führen in Ostdeutschland zum 1. Juli die

D-Mark ein. Denn es war der einzige Weg, die Bewegung der Übersiedler zu stoppen. Andernfalls wären zum Zeitpunkt der Wiedervereinigung in Ostdeutschland nur noch Rentner gewesen und ein paar Anhänger der SED, und alle Jungen wären in Westdeutschland gewesen. Also, insofern stimmt es schon: Ich habe mir in der Tat damals den Beitritt des Saarlandes angesehen und gesagt, auf diese Weise geht es nicht, wir müssen jetzt einen anderen Weg gehen.

WICKERT: Sie haben gerade gesagt, dass das Ringen um die Saar Sie bewegt hat. Aber vorhin haben Sie auch erwähnt, dass Sie schon als Schüler politisch aktiv waren. War das in der Schule selbst oder in der Jugendorganisation der Partei?

SCHÄUBLE: Nicht in der Jugendorganisation, aber ich war interessiert. Meine Brüder und ich haben in der Familie diskutiert – das war der Einfluss von unserem Vater. Mein jüngerer Bruder ist dann auch in die Politik gegangen. Aber auch mein älterer Bruder hat sich sehr für Politik interessiert. Und das hat sich bei mir im Studium, also ab 1961, fortgesetzt.

WICKERT: Sie haben in Freiburg studiert?

SCHÄUBLE: In Freiburg und Hamburg.

WICKERT: Haben Sie de Gaulles Besuch in Deutschland im September 1962 miterlebt? Haben Sie seine Rede an die deutsche Jugend in Ludwigsburg mit angehört?

SCHÄUBLE: Ich war nicht selbst dort, aber natürlich war ich beeindruckt. Franzosen können ja wunderbar reden, und de Gaulle hatte eine ganz besondere Fähigkeit, die Menschen anzusprechen. Hier sprach die Grande Nation! Er hatte verstanden, dass damals die deutsche Gesellschaft durch die Zerstörungen, die wir uns zugefügt hatten, diese Aufmunterung brauchte. Er hat uns auf den Weg gebracht. Natürlich haben die Deutschen auch Kennedy gefeiert, aber de Gaulle war ein ganz unglaublicher Mensch. Und er ist ja auch überall in Deutschland mit großem Jubel begrüßt worden.

SEUX: Monsieur Sapin, was für eine Vorstellung hatten Sie als Schüler und Student von Deutschland? Welche Erinnerungen haben Sie?

SAPIN: Ich bin zehn Jahre jünger als Wolfgang, genau zehn Jahre.

SCHÄUBLE: Ein junger Mann!

SAPIN: Meine Eltern haben den Krieg miterlebt. Mein Vater war zu jung, um Soldat zu werden, aber er hat sich beteiligt. Mein Großvater hat in beiden Kriegen, im Ersten und Zweiten Weltkrieg, gekämpft, 1914 als junger Soldat. Er wurde dadurch sehr geprägt, aber auch durch die Freundschaften, die so entstanden sind. Und später im Zweiten Weltkrieg hat er seine Stellung genutzt, um Widerstandsnetze zu unterstützen und sowohl Juden als auch Widerständler herauszuschleusen. Er steht also, wenn man so will, in einer Tradition des Kampfs gegen Deutschland.

Aber ich habe von ihm nie ein böses Wort über Deutschland als solches oder über Deutschland nach 1945 gehört, im Gegenteil. Für unsere Familien war die Verständigung Frankreichs mit Deutschland eine unabdingbare Voraussetzung für den Frieden.

Ich bin immer und von allen in der Vision von Europa erzogen worden. Frankreich war sehr gut, aber man musste ein wenig darüber hinausschauen, wenn man die Welt und die Zukunft betrachten wollte. Und als ich mit 22 in die Sozialistische Partei eingetreten bin, war einer der Gründe dafür ihr großes Engagement für Europa in der ganzen Nachkriegszeit. Ich habe immer der sehr pro-europäischen Strömung angehört, der von Michel Rocard, Jacques Delors oder François Mitterrand, der vor allem und von ganzem Herzen Europäer war. Das war vielleicht das, was ihn am meisten charakterisierte: Europa war seine tiefste Überzeugung, vielleicht tiefer noch als der Sozialismus. Aber mein eigentliches politisches Leben begann 1991, als ich Minister wurde: Zunächst war ich einige Monate beigeordneter Minister im Justizministerium, dann wurde ich Finanzminister.

WICKERT: Ihr Curriculum ist sehr französisch: Lycée Henri IV, Grande école, ENA. In Deutschland ist so etwas nicht denkbar. Herr Schäuble hat in Freiburg und Hamburg Jura studiert, ein normaler Bildungsgang in Deutschland, und Sie waren an der ENA, die eine Elitehochschule ist. Da spricht man immer von besonderen Netzwerken, Sie beispielsweise gehörten dem berühmten Jahrgang Voltaire an, den auch François Hollande und Ségolène Royal besuchten. Hatten Sie schon an der ENA die Idee, in die Politik zu gehen? Sind Sie gleich nach der ENA Politiker geworden?

Sapin: Unmittelbar danach, das heißt sechs Monate später. Ich habe das Studium an der ENA im Juni 1980 abgeschlossen, und im Juni 1981 – aber die Wahlkampagne hat schon früher angefangen – wurde ich als Abgeordneter gewählt.

Seux: Das war die »vague rose«, die rosarote Welle.

Sapin: So ist es. Aber man muss dazu wissen, dass die ENA in Frankreich nicht immer hoch im Kurs stand. Ich will Ihnen eine Anekdote erzählen, die sich übrigens in Berlin abgespielt hat. Es war eines dieser vielen Treffen zwischen Helmut Kohl und François Mitterrand. Theo Waigel war dabei, ich und wohl auch die beiden Außenminister. Beim Abendessen sagte Kohl zu Mitterrand: »Oh, Sie haben aber einen wirklich sehr jungen Finanzminister. (Ich war damals 39.) Ich glaube, Sie haben ihn ausgesucht, weil er an der ENA war.« Das war für den Präsidenten der Republik die schlimmste Beleidigung. Er sagte: »Keineswegs! Wenn er nur an der ENA gewesen wäre, hätte ich ihn nie genommen. Ich habe ihn ausgesucht, weil er vorher an der Normale Supérieure war.« Das ist für die französische Karriere typisch – eine sehr französische Sache. Die Ecole Normale Supérieure ist eine sehr angesehene, auf die Literatur und die Geisteswissenschaften ausgerichtete Hochschule … Dort wäre ich um ein Haar Archäologe geworden. Und wenn man mit Mitterrand sprach, drehten sich die eigentlichen Gespräche um Geschichte, Geographie und Literatur – und keinesfalls um Wirtschaft.

SEUX: Sie haben die ENA absolviert, aber Sie haben auf sich geachtet und haben etwas anderes gemacht.

SAPIN: Der Jahrgang Voltaire, über den sich die ganze Welt amüsiert, ist eine Verbindung von Freundschaften. Das gibt es in der Politik nicht oft.

WICKERT: Ich würde gern noch einmal auf Ihre politische Laufbahn zurückkommen. Sie sind also sofort nach der ENA Abgeordneter geworden. Wie sind Sie zu Ihrem Wahlkreis gekommen? Hat man Sie mit dem Fallschirm abgesetzt, wie man in Frankreich sagt?

SAPIN: Nein, im Gegenteil, ich war dort zu Hause, dort wohnte meine Mutter. Und heute leben meine Kinder dort und die Mutter meiner Kinder. Ich würde sagen, das ist seit Generationen unser Zuhause. Ich bin übrigens der dritte revolutionäre Abgeordnete in der Familie, 1789 gab es einen, 1848 einen, und den dritten 1981.

WICKERT: Alle aus der Familie?

SAPIN: Ja, und die Familie ist fest verwurzelt in Argenton-sur-Creuse, wo ich übrigens zwanzig Jahre lang Bürgermeister war. 1981 war gerade der Präsident neu gewählt worden, François Mitterrand. Er löste die Nationalversammlung auf und es gab Neuwahlen. Ich wurde von meinen Sozialistenfreunden aufgestellt. Als sozialistischer

Kandidat hätte ich eigentlich nicht gewählt werden dürfen, denn der Wahlkreis war kommunistisch und hätte im zweiten Wahlgang einem kommunistischen Linken zufallen sollen. Aber ich lag knapp vor dem Kommunisten, und im zweiten Wahlgang wurde ich gewählt, obwohl niemand mich kannte. Niemand war darauf gefasst, dass ich gewählt würde. In der Politik braucht man also einen starken Willen, aber auch viel Glück.

SEUX: Sie haben beide eine eher juristische Ausbildung und haben sich jetzt – und schon eine Zeit lang – beide mit Wirtschafts- und Finanzfragen zu beschäftigen. Was in Ihrem Curriculum befähigt Sie, über Wirtschaft und Finanzen zu sprechen? Welche ökonomischen Kompetenzen haben Sie beide im Grunde? Es gibt einige Deutsche und Franzosen, die sich diese Frage stellen mögen. Wir hatten die Finanzkrise von 2008/2009, und amerikanische Wirtschaftswissenschaftler und Nobelpreisträger kritisieren die europäische Politik ständig im Namen der Wirtschaftswissenschaft.

WICKERT: Auch die französische Politik?

SEUX: Auch die französische Politik. Sie sagen, Sie verstünden nichts davon. Was wissen Sie beide über die Wirtschaft?

SCHÄUBLE: In Deutschland gibt es unter Juristen den Satz, dass ein guter Jurist alles kann. Aber im Ernst, die Geschichte ist ein bisschen komplizierter: Der politisch Verantwortliche sollte nicht der beste Experte sein. Denn wenn ein politisch verantwortlicher Minister oder ein Staats- oder Regierungschef in einer bestimmten Sache der beste Experte ist, hört er nicht mehr auf Rat. Politische Führung, politische Verantwortung ist etwas anderes. Man muss Entscheidungen treffen und vorbereiten. Natürlich muss man sich informieren. Ich lese sehr viel, und ich diskutiere auch mit den Nobelpreisträgern der Ökonomie. Und ich glaube nicht, dass ich ständig recht habe.

SEUX: Lesen Sie wirtschaftswissenschaftliche Literatur?

SCHÄUBLE: Ja, sehr viel. Das muss man. Man muss sich einarbeiten. Und dann habe ich gute Mitarbeiter, die mich vorbereiten, wir diskutieren sehr viel untereinander. Beim Gipfel der G7-Finanzminister und -Notenbankgouverneure im Mai 2015 in Dresden haben wir sechs führende Ökonomen und Geldpolitiker eingeladen, von Larry Summers bis Jaime Caruana, von Nouriel Roubini bis Robert J. Shiller. Wir haben mit ihnen vier Stunden konzentriert diskutiert, und man hatte dabei nicht den Eindruck, dass die Ökonomen das Gefühl hätten, die Minister könnten nicht ernsthaft mit ihnen diskutieren. Es gefällt manchmal den Zentralbankern nicht, wenn Minister mit ihnen diskutieren, weil sie sagen: Die Geldpolitik ist unsere Entscheidung. Aber die Zentralbanker geben der Finanzpolitik und der Wirtschaftspolitik ständig Ratschläge, also müssen sie sich schon unsere Meinung anhören – intern, versteht sich, öffentlich würde ich so etwas nicht tun. Ja, es ist anstrengend, es ist eine große Herausforderung. Aber man arbeitet sich rein, man informiert sich, und dann geht das. Frau Lagarde ist übrigens auch Anwältin.

WICKERT: Herr Schäuble, Sie sind nach dem juristischen Staatsexamen Finanzbeamter gewesen, nicht wahr?

SCHÄUBLE: Ich bin auch Finanzbeamter gewesen, in der Steuerverwaltung. Aber ich habe auch einige Semester Ökonomie studiert. Doch darauf will ich gar nicht rekurrieren.

SEUX: Ich habe die Frage gestellt, weil eine gewisse Zahl von Europäern, auch Franzosen, meinen, Herr Schäuble habe einen eher juristischen Zugang zur Wirtschaft aufgrund seiner Ausbildung. Was antworten Sie darauf? Welcher Strömung, welcher ökonomischen Schule gehören Sie an?

SCHÄUBLE: Ich denke eher, dass wir mit dem Mittel der Finanz- und Geldpolitik nicht alle Probleme lösen können. Ich glaube, wir müssen uns auch mit der strukturellen Seite und den institutionellen Rahmenbedingungen beschäftigen, wie ja von den Ökonomen zunehmend verstanden wird. Wenn man keine funktionsfähige Verwaltung und Justiz hat und wenn man nicht die Korruption begrenzt, gibt es auch keine vernünftige Ökonomie. Das ist für Investitionen ein entscheidender Punkt. Ich glaube nicht an die Allmacht staatlicher Steuerung. Da kommen wir an einen Punkt, wo Michel und ich nicht ganz derselben Meinung sind. Doch wenn es um die Frage geht, ob Juristen gute Finanzminister sein können, stimmen wir völlig überein.

SEUX: Aber der Markt reguliert sich selbst?

Schäuble: Nein, wir sind das Land der sozialen Marktwirtschaft. Wir sind von den Angelsachsen lange verspot-
tet worden für die rheinische Form des Kapitalismus. Damit haben sie aufgehört, weil sie verstanden haben, dass
Marktwirtschaft, verbunden mit sozialem Ausgleich, sehr
viel nachhaltiger ist als die reine Marktwirtschaft. Spätes-
tens mit dem Fall von Lehman Brothers haben die Angelsachsen dies lernen müssen. Wir sind damals besser aus
dieser Krise herausgekommen als andere, obwohl sie uns
mit unserer Export-Orientierung noch härter getroffen
hat. Wir hatten in den ersten drei Monaten 2009 einen
Auftragseinbruch aus dem Ausland von rund 40 Prozent.
Aber wir haben die Krise besser überwunden – Peer Stein-
brück war damals Finanzminister, das war also nicht mein
Verdienst, aber Merkel war Kanzlerin. Wie haben wir das
geschafft? Erstens, weil wir mit unseren Reformen ein bisschen weiter waren als andere und der Widerstand dagegen
geringer war. Und zweitens, weil wir eine soziale Partnerschaft haben, die es uns im Gegensatz zu den meisten anderen in Europa ermöglicht hat, in gemeinsamer Verantwortung diese Zeit zu überstehen.

Seux: Gibt es einen Wirtschaftswissenschaftler, der Sie
heute inspiriert?

Schäuble: Ich höre auf viele Ökonomen, aber ich habe
mir abgewöhnt zu glauben, dass die Entscheidungen, die
wir politisch treffen müssen, uns irgendein Wissenschaft-
ler abnehmen könnte. Das ist der Unterschied zwischen
Wissenschaft und Politik. Die Ökonomen glauben, sie

könnten die richtigen politischen Entscheidungen treffen. Aber bei allem Respekt: Sie können es nicht.

WICKERT: Aber zum Beispiel Paul Krugman, Träger des Wirtschaftsnobelpreises, kritisiert die Deutschen doch ständig.

SCHÄUBLE: Paul Krugman wird von den seriösen Ökonomen in Deutschland nicht ernst genommen. Wenn schon, dann höre ich auf den deutschen Sachverständigenrat. Der ist immerhin eine institutionelle Einrichtung, in ihm sind die besten Ökonomen des Landes vereint.

SEUX: Gilt das Gleiche auch für Joseph Stiglitz? In Frankreich ist Stiglitz so etwas wie ein Gott.

SCHÄUBLE: Stiglitz ist ein phantastischer Mann, aber ich halte seine ökonomischen Rezepte nicht für wirklich überzeugend. Ich habe auch das Buch von Thomas Piketty gelesen, *Das Kapital im 21. Jahrhundert*. Es ist interessant, aber es ersetzt nicht politische Entscheidungen. Dann lese ich lieber Daniel Kahneman oder andere, die sagen: Es kommt auf die Psychologie an. Vielleicht bin ich eher ein Anhänger der Verhaltensökonomie. Ludwig Erhard hat gesagt: Mehr als 50 Prozent der Wirtschaftspolitik ist Psychologie. Seine Zigarre trug wahrscheinlich dazu bei, Vertrauen zu schaffen – und war als Symbol bedeutender als viele seiner Entscheidungen.

WICKERT: Noch einmal zurück zu Ihrer Biographie. Sie waren ja nicht sehr lange in der Finanzverwaltung. Wie kam es, dass Sie dann Abgeordneter wurden? Haben Sie sich darum bemüht, oder ist der Wahlkreis auf Sie zugekommen?

SCHÄUBLE: Ich hatte meiner Frau versprochen, nicht Abgeordneter zu werden, sondern einen bürgerlichen Beruf zu ergreifen. Aber ich war Bezirksvorsitzender der Jungen Union Südbaden. 1972 gab es vorgezogene Bundestagswahlen, weil Willy Brandt seine Mehrheit im Parlament verloren hatte. In dem Wahlkreis, in dem ich seit 1972 Abgeordneter bin, hatte der bisherige Abgeordnete, Professor Hans Furler, beschlossen, nicht mehr zu kandidieren – übrigens ein namhafter Europäer damals, er war Vorsitzender der Montanunion und dann Vorsitzender des Europäischen Parlaments. Also haben sich viele darum beworben. Die Junge Union musste natürlich auch einen Kandidaten präsentieren, was in der Kürze der Zeit nicht einfach war. Der einzige präsentable Kandidat war ihr Vorsitzender, der aber in Freiburg wohnte, 80 Kilometer entfernt. Dann habe ich meine Frau überredet, dass ich im parteiinternen Wettbewerb kandidieren darf. Ich versprach ihr, dass das Ganze eine Sache von drei Wochen sei – dann sollte die Entscheidung fallen – und dass ich ohnehin keine Chance hätte. Drei Wochen später war ich Kandidat, und ich wurde in den Bundestag gewählt.

WICKERT: Und Sie sind seitdem jedes Mal direkt wiedergewählt worden.

SCHÄUBLE: Ja.

SEUX: In Frankreich stellt man sich die gleiche Frage wie in Deutschland: Monsieur Sapin wechselt von einem Regierungsamt in ein anderes, von einer Zuständigkeit in eine andere, und natürlich denken alle: Justizminister, Minister des Öffentlichen Diensts, Arbeitsminister, Minister für Wirtschaft und Finanzen – und das ohne Wirtschaftswissenschaften und Finanzen studiert zu haben, abgesehen von einigen Kursen an der ENA. Vielleicht trägt ja auch das Studium der Numismatik einiges bei. Wie erlangt man Kompetenz in dieser Materie?

SAPIN: Ich teile Wolfgangs Standpunkt vollkommen. Nur ein paar Sätze dazu: Es mag hervorragende Experten geben. Es hindert einen auch nicht daran, wenn man ein guter Experte ist, in der Politik zu sein, aber man trägt keine politische Verantwortung, weil man Experte für eine bestimmte Materie ist. Ich habe einige Landwirtschaftsminister gekannt, die Landwirte waren, aber das waren nicht unbedingt die erfolgreichsten. Man trifft politische Entscheidungen nicht deshalb, weil man Fachmann ist. Bei politischen Entscheidungen muss man zuhören, Einwände berücksichtigen, Argumente analysieren. Sie werden in einem bestimmten Moment aus anderen Gründen als strikt fachlichen getroffen.

SEUX: Ich weiß nicht, ob Ihre Antwort wirklich beruhigend ist.

SAPIN: Ich will gar nicht behaupten, es gäbe keinen wissenschaftlichen Ansatz im ökonomischen Denken, den gibt es sicher; aber eine Wissenschaft, die sich mit so vielen verschiedenen Stimmen und so vielen verschiedenen Positionen äußert, kann nicht ganz und gar eine Wissenschaft sein. Es gibt ja auch den Nobelpreis für Wirtschaft. Du bekommst den Nobelpreis aber nicht, weil du *die* Wahrheit verkündest, sondern weil deine Arbeit hervorragend und als solche anerkannt ist. Es gibt Nobelpreisträger, die vehemente Euro-Gegner sind, und andere, die entschieden für den Euro sind. Daher misstraue ich dem Begriff Wirtschaftswissenschaft und denen, die glauben, sie hätten die Wahrheit gepachtet. Wir haben es mit einer Humanwissenschaft zu tun, die immer relativ ist, die sich mit der Zeit verändert und ein politisches Gepräge hat, in jeder Bedeutung des Worts, die auch vom politischen Engagement geprägt ist. Womit ich nur sagen will, dass einem verschiedene Ämter zugänglich sind, aus Gründen, die als politische anerkannt werden, ohne dass man, bevor man beginnt, über das Fachwissen verfügen muss. Man muss sich dann natürlich in diese Bereiche einarbeiten, man muss sie verstehen, man muss sich ansehen, welche Diskussionen geführt werden und welche Kritik es an den verschiedenen Positionen gibt, um darauf zu antworten; und es kann auch berechtigte Kritik geben, die die jeweilige Position verändert. Ich misstraue denen, die keine andere Meinung dulden, und ebenso den Wissenschaftlern, die in ihren Analysen zu kategorisch sind.

SEUX: Inspiriert Sie heute jemand, nicht unbedingt aus den französischen Wirtschaftswissenschaften?

SAPIN: Nein, ich versuche mich von keinem Wirtschaftswissenschaftler inspirieren zu lassen. Selbst wenn man von einer bestimmten Denkschule geprägt ist, in meinem Fall einer linken. Die Linke ist sehr stark von Keynesianismus geprägt, aber das ist nicht meine Religion. Ich erkenne darin recht positive und legitime Aspekte, aber ein Keynesianismus, der auf die schlichte Weisheit hinausläuft: »Je mehr Geld man ausgibt, desto besser«, das ist bestimmt nicht meine Denkschule. Doch es gibt bei Keynes auch sehr interessante Dinge, die einen großen Teil der Linken geprägt haben, auch den Wiederaufbau nach dem Krieg, und die auch heute noch wichtig sind für die Analyse der Krisen und die Reaktion darauf.

WICKERT: Die deutschen Leser interessiert es sicher, wie sich das alltägliche Leben des französischen Finanzministers gestaltet. Hat er zum Beispiel einen Koch?

SAPIN: Nicht der Minister hat einen Koch, sondern das Ministerium.

WICKERT: Für den Minister.

SAPIN: Für den Minister und seine Gäste. Besser gesagt, da in Bercy vier Minister residieren, bzw. zwei Minister und zwei Staatssekretäre, ist es der Koch aller Minister in dem Gebäude.

WICKERT: Nur ein Koch für vier Minister?

SAPIN: Nein, ein Chefkoch und einige Küchenhilfen.

WICKERT: Das heißt, es gibt eine Küche mit einem Chefkoch, einem Pâtissier und so weiter? Und er kocht abends für Sie?

SAPIN: Apriori nein. Er ist für die Gäste da, hauptsächlich Mittagessen für die Gäste. Das ist eine sehr alte Tradition, und die Minister, die Ministerien sind ein wenig stolz, dass sie bei ihren Gästen für die französische Gastronomie werben können. Es gilt bei uns als Zeichen der Autorität, eine hervorragende Küche zu haben. Das hindert uns nicht daran, verschwenderische Ausgaben zu vermeiden. Jeder Kabinettschef achtet sehr darauf, denn jeder Minister hat sein eigenes Budget, das Anfang des Jahres aufgestellt wird und das wir nicht überziehen dürfen. Und der Kabinettschef zahlt den Gegenwert der jeweiligen Mahlzeit an die Küche.

WICKERT: Gibt es einen Wettbewerb unter den Ministern?

SAPIN: Es gibt einen Wettbewerb zwischen den Chefs der Ministerien. Manche Ministerien zum Beispiel haben einen ausgezeichneten Ruf, was ihre Küche angeht, und zwar das Verteidigungs- und das Außenministerium. Laurent Fabius ist es sehr wichtig, im Ausland für die französische Gastronomie einzutreten, die ein Wettbewerbselement unserer Wirtschaft ist. Das Überseeministerium hat eine etwas andere Küchentradition.

WICKERT: Kreolische Küche, die ist ausgezeichnet!

SAPIN: Nur um einer möglichen Frage zuvorzukommen: Traditionell haben die Minister, die nicht Pariser sind und dort keine Wohnung haben, Anspruch auf eine Wohnung und eine Küche. Das wurde vor kurzem unter François Hollande sehr streng geregelt, heute muss jeder Minister, dem eine Wohnung zur Verfügung gestellt wird, für diese Wohnung Miete bezahlen und seine örtlichen Steuern an die Stadt Paris entrichten, wenn er in diesen Räumen wohnt, was früher nicht der Fall war.

WICKERT: Heißt das, Sie haben Ihre Wohnung in Bercy?

SAPIN: Ja, ich wohne dort, aber ich bezahle dafür.

WICKERT: Und Sie haben einen Dienstwagen und auch ein Dienstboot?

SAPIN: Das ist kein Dienstboot. Als Bercy gebaut wurde, als Ersatz für das Rivoli, das zum Musée du Louvre wurde, schien es damals sehr weit entfernt vom Stadtzentrum. Der Architekt hat beim Bau des Gebäudes, dessen Pfeiler in die Seine eintauchen, einen Anlegesteg eingeplant, und dort liegt ein Boot, dessen Halter der Zoll ist, der dem Finanzministerium untersteht. Mit diesem Boot kommt man schneller ins Zentrum, man weicht den Staus aus, und es verschmutzt die Umwelt weniger, als es ein Auto täte.

WICKERT: Benutzen Sie es oft?

SAPIN: Ich benutze es meist, wenn ich den Präsidenten, die Nationalversammlung, den Premierminister oder die meisten Ministerien aufsuche, die sehr dicht beieinander im Zentrum liegen.

WICKERT: Wäre dieses System nicht auch etwas für Deutschland, um noch effektiver zu arbeiten: eine Dienstwohnung, um dort zu schlafen und zu essen, wo man arbeitet, statt mit Blaulicht durch Berlin zu fahren? Das wäre doch praktisch.

SCHÄUBLE: Wir haben so etwas nicht. Wir haben keine Wohnung im Ministerium. Wir haben keine eigenen Köche, wir haben eine Kantine, die als eigenständiger Betrieb das Ministerium versorgt. Und wenn keine Gäste da sind, esse ich mit meiner Sekretärin und lasse mir dazu aus der Kantine Essen bringen und bezahle es – das gleiche Essen, das alle Mitarbeiter essen und bezahlen. Aber wenn der Minister Gäste empfängt, gibt es einen Traiteur, der uns Essen liefert, oder wir gehen in ein Restaurant.

SAPIN: Aber ist das nicht sehr teuer?

SCHÄUBLE: Es kommt darauf an, wie oft man es macht. Wenn man nur drei Essen im Monat hat, ist eine ganze Küche mit einem entsprechenden Koch – es muss ja auch eine gewisse Qualität haben – viel teurer. Und in Deutschland würde das unweigerlich zu einer Diskussion über Privilegien führen. Im Kanzleramt gibt es für die Gäste eine eigene Küche. Ich glaube, wir haben auch schon einmal die Köche zwischen dem Kanzleramt und dem Élysée ausgetauscht. Aber die Ministerien haben so etwas nicht.

WICKERT: In Paris sieht man oft Ministerautos mit Blaulicht durch die Stadt fahren, vor allem mittwochmorgens, wenn sie zum Ministerrat in den Élysée fahren. Ist das weniger geworden oder immer noch so wie früher?

SAPIN: Die Anordnungen des Präsidenten sind da sehr strikt. Man soll das Blaulicht so wenig wie möglich benutzen. Er sagt, man kann auch etwas früher aufbrechen, um rechtzeitig da zu sein. Doch es wäre gelogen zu sagen, es fände gar nicht mehr statt. Aber mir ist eins aufgefallen: Wenn man das Blaulicht benutzt, hat man, wenn man ankommt, selber schlechte Laune wegen all der bösen Blicke und Gesten unterwegs. Ich würde deshalb mir selbst und meinen Kollegen empfehlen, kein Blaulicht zu benutzen.

WICKERT: Und wie ist es, wenn Sie das Boot nehmen?

SAPIN: Das Boot wird im Gegenteil als etwas Angenehmes betrachtet, sogar als Schauspiel auf der Seine, und man begegnet eher freundlichen Gesten. Dem vobeifahrenden Boot wird sogar zugewinkt.

II

Wirtschaftspolitik in Frankreich
und Deutschland

SEUX / WICKERT: Wir wollen nun über die Stärken und Schwächen der französischen und der deutschen Wirtschaft sprechen – zwei Wirtschaften, die auf sehr unterschiedliche Weise funktionieren. Beginnen wir mit Deutschland. Herr Schäuble, Sie haben das Jahr 2015 mit einem Wachstum von 1,7 Prozent und einer Arbeitslosenquote um 5 Prozent abgeschlossen. Mit ein wenig Abstand gesehen, wie schätzen Sie die Stärken und Schwächen der deutschen Wirtschaft ein?

SCHÄUBLE: Ich glaube, wir haben in Deutschland neben unserer Stärke auf den Exportmärkten zwei Hauptstärken. Da ist zunächst einmal der starke Mittelstand. Das hat historische Gründe; es hat mit dem Föderalismus zu tun, über den wir schon gesprochen haben, mit der Organisation in den Gemeinden, die zum Teil freie Reichsstädte waren, mit den Handwerksgilden und dergleichen mehr. Wir haben nur wenige große Familien, die über Generationen hinweg große Vermögen anhäufen konnten, auch infolge der Traditionsbrüche in unserem Land. Stattdessen gibt es einen breit gestreuten Mittelstand. Und zum Zweiten haben wir mit unserem dualen Ausbildungssystem – ein System, wo die jungen Menschen im Job trainiert werden und gleichzeitig zur Schule gehen – eine besondere Stärke. Dass junge Menschen zeitweilig in die Schule gehen und zeitweilig in einem Unternehmen arbeiten, gibt es in anderen Ländern auch, aber der Unterschied ist: In Deutschland sind sie fest ins Unternehmen eingebunden und besuchen in dieser Eigenschaft die Schule. Es ist nicht bloß ein Praktikum, wo man nur Gast in einem Unternehmen ist, sondern die jungen Leute sind angestellt. Und gerade der Mittelstand engagiert sich bei der Ausbildung sehr stark, mit der Folge, dass wir eine hohe Qualifikation erreichen. In den letzten beiden Jahrzehnten haben die Bundesländer – Kultur und Bildung ist ja bei uns Ländersache, nicht Sache der Bundesregierung – dieses Modell zunehmend auch auf die Hochschulebene übertragen. Und dort, wo dies stattfindet, zum Beispiel in Baden-Württemberg, sind die Ergebnisse exzellent. Beides zusammen führt dazu, dass wir im Bereich der traditionellen Industrie über eine große innovative Kraft verfügen.

Eine unserer Schwächen aber ist, dass unsere Gesellschaft nicht sehr innovationsfreundlich ist. Deswegen haben wir in einer Reihe von Bereichen zunehmend Probleme, bei modernen Entwicklungen an der Spitze zu bleiben. Energie ist in Deutschland relativ teuer, mit der Folge, dass Unternehmen der Pharmazie und der Chemie, die sehr stark von Energiepreisen abhängig sind, sich gut überlegen, ob sie in Deutschland investieren sollen. Das ist ein schwieriger Punkt. Ein zentrales Anliegen der Regierung Merkel ist es, in der Informationstechnologie den Anschluss zu halten oder zu finden. In diesem Bereich

haben wir in den letzten Jahrzehnten große Fortschritte
erzielt. Aber das macht nicht der Staat, das leisten die Betriebe selbst – gerade auch die großen mittelständischen
Unternehmen. Die Kombination von klassischer Produktion und moderner Technologie ist eine der Stärken im
deutschen Maschinenbau und in der Elektroindustrie. All
das zusammen gibt uns eine relative Stärke.

SEUX: Sind Sie mit der Entscheidung über den Atomaus-
stieg zufrieden? Deutschland ist seit zwei Jahren wieder
das europäische Land mit dem höchsten CO_2-Ausstoß ...

SCHÄUBLE: Ich war lange davon überzeugt, dass wir auf
die nukleare Energie nicht verzichten können. Aber die
Entscheidung im Frühjahr 2011 nach der Reaktorkatastrophe von Fukushima war völlig unvermeidlich. Wir sehen
in Deutschland schon seit langem eine wachsende Skepsis gegenüber der nuklearen Energie in der Bevölkerung.
Dies ist zum Teil regional unterschiedlich, in meiner Heimatregion etwa ist die Skepsis sehr stark. In der Nachbarschaft zu Fessenheim ist der Bau eines Kernkraftwerks
am Kaiserstuhl Wyhl nach großen Auseinandersetzungen
aufgegeben worden. Die deutsche Wirtschaft hat in den
achtziger Jahren den Plan einer Wiederaufarbeitungsan-
lage in Wackersdorf aufgegeben. Das war eines der großen
innovatorischen Projekte, das besonders vom damaligen
bayerischen Ministerpräsidenten Franz Josef Strauß vorangetrieben wurde. Die gesellschaftliche Akzeptanz dafür
war verlorengegangen, so wie wir bis heute auch für ein
Endlager keine Akzeptanz haben. Sie erinnern sich vielleicht: Den Beschluss, die Nutzung der Kernenergie zu

beenden, hatte ja bereits die rot-grüne Regierung unter Gerhard Schröder gefasst, die viel skeptischer gegenüber der nuklearen Energie war. Wir haben diese Politik in der Koalition mit den Sozialdemokraten 2005 bis 2009 mehr oder weniger fortgesetzt. Als wir dann eine Koalition mit den Liberalen eingingen, haben wir dies 2009 ein Stück weit korrigiert – gegen heftige Widerstände. Dann passierte zwei Jahre später diese Reaktorkatastrophe. Und das Einzige, was die Regierung Merkel machen konnte, wenn sie politisch überleben wollte, war, blitzschnell eine Energiewende einzuleiten. Das ist mit erheblichen Kosten verbunden, politischen und ökonomischen. Dabei gibt es manche in Europa, und auch in Frankreich, die sagen: Wir werden diese Entscheidung früher oder später ebenfalls treffen müssen. Möglicherweise erweist sich das in einigen Jahren sogar als ein relativer Standortvorteil. Aber die Energie in Deutschland ist nach wie vor zu teuer. Wir haben eine mit Abstand zu hohe Förderung der erneuerbaren Energien – Solar-, Wind- und Bioenergie –, die zu Lasten der Stromverbraucher geht.

SEUX: Wie hoch ist der Anteil der erneuerbaren Energie in Deutschland? Ich glaube, es sind 25 oder 26 Prozent …

SCHÄUBLE: Ja, aber Sie machen Politik für die Gesellschaft, von der Sie gewählt sind. Das gehört zu den Rahmenbedingungen. Nichtsdestoweniger sind wir bis jetzt trotz der Energiewende und trotz aller Kritik wirtschaftlich nicht schlecht zurande gekommen – weil wir eine so gute Finanzpolitik machen.

SEUX: Man hat manchmal den Eindruck, dass Deutschland sich im neuen digitalen Zeitalter nicht besonders wohlfühlt. Man sieht dort keine großen Firmen entstehen. Sie sagten, es gebe in Deutschland Schwierigkeiten bei der Innovation. Ist Deutschland dabei, diesen Wandel aufzugreifen?

SCHÄUBLE: Die Dinge ändern sich gerade. Inzwischen sagen viele, dass Berlin der Platz in Europa ist, wo es die größte Zahl von innovativen Start-ups gibt. Die Industrie hat das begriffen. Es gibt zahlreiche Programme, mit denen die traditionelle deutsche Industrie- und Fertigungstechnik mit der modernen Informationstechnologie verbunden wird. Das gilt insbesondere für die deutsche Automobilindustrie, die ja eine Schlüsselindustrie ist. Sie muss sich mit der Frage auseinandersetzen: Wie können wir die neuen Entwicklungen in der IT-Technologie und das, was sich bei Google und anderswo entwickelt, aufgreifen? Wir sind dabei ganz gut unterwegs. Und trotz eines gewissen Einbruchs in China haben wir eine gute Stimmung und eine gute Auftragslage in der deutschen Industrie.

WICKERT: Sie haben erwähnt, dass die Deutschen nicht gerade freundlich gegenüber Innovationen sind. Es gibt dafür viele Beispiele: Das Fax ist bei uns erfunden, aber nicht umgesetzt worden. Das Gleiche gilt für viele andere Dinge. Woran liegt das?

SCHÄUBLE: Nun ja, wir sind vielleicht manchmal ein bisschen zu perfektionistisch. Wir haben es nicht nur mit den Regeln, worunter meine Kollegen in der Eurogruppe gelegentlich leiden, sondern auch mit der Bürokratie. Wir sind nicht in der Lage, wie jedermann auf der ganzen Welt sieht, einen Flughafen für Berlin zu bauen. Aber wenn man weiß, wie oft sich die Rechtsprechung während der Planungszeit dieses Flughafens geändert hat, in Bezug auf den Lärmschutz ebenso wie auf den Brandschutz, und wie oft darüber die Planungen geändert werden mussten, dann sieht man, dass das bei uns alles extrem kompliziert ist. Dazu kommt, dass unsere Umweltstandards sehr hoch sind. Nehmen Sie zum Beispiel den Ausbau der Rheintalbahn. Zwischen Karlsruhe und Basel soll dort die Strecke auf vier Gleise verstärkt werden. Dann hat man den Vorschlag gemacht: Könnte man die neue Strecke nicht einfach direkt neben die vorhandene Autobahn legen? Aber das geht nicht, weil sie drei Tunnel bohren müssten und dabei Vogelschutzgebiete durchqueren würden. Nun kann man fragen: Warum kann dort eine Autobahn sein, aber keine Eisenbahn? Der Grund dafür ist: Als die Autobahn gebaut wurde, gab es diese Vogelschutzbestimmungen noch nicht. Und die Vogelschutzgebiete haben sich im Übrigen nur deshalb entwickelt, weil die Vögel neben der Autobahn besser nisten können als dort, wo Menschen siedeln. Das ist Deutschland. Wir nehmen den Umweltschutz sehr ernst, manchmal zu ernst.

WICKERT: Es heißt immer, Silicon Valley sei in Deutschland nicht möglich wegen all der Regulierungen.

SCHÄUBLE: Ja, aber das ist eher eine Frage für die Feuilletons. Silicon Valley hat sehr viel mit den amerikanischen Modalitäten von Unternehmensfinanzierung zu tun und

Der dritte Faktor umfasst das, was wir öffentlichen Dienst und Infrastruktur nennen. Hier haben wir in Frankreich ein sehr hohes Niveau, auf der Straße ebenso wie auf den Schienen. Nehmen Sie das Beispiel des Flugzeugunglücks der Germanwings-Maschine im März 2015 in Südfrankreich. Angela Merkel hat damals gesagt, sie sei frappiert gewesen von der Schnelligkeit, mit der in Frankreich die öffentlichen Dienste mobilisiert wurden, und von deren Effizienz.

Der vierte Bereich ist unsere Landwirtschaft, die sehr stark und diversifiziert ist.

Alle diese Vorzüge haben aber auch ihre Kehrseite. Unser Bildungssystem hat auch Schwächen, insbesondere, was die Berufsausbildung anbetrifft. Aus diesem Grund habe ich in meiner Zeit als Arbeitsminister hier eine Reform in die Wege geleitet. Ein starker öffentlicher Dienst bedeutet auch hohe öffentliche Ausgaben. Die Frage ist: Wie lassen sich diese beherrschen und zugleich eine angemessene Qualität sicherstellen?

Nach den großen Unternehmen nun die Frage nach den kleinen und mittleren Unternehmen (KMU). Deutschlands Stärke, das hat Wolfgang gut beschrieben, sind die KMU, auch, so scheint es mir, weil sie in Zusammenarbeit mit größeren Unternehmen die internationalen Märkte erobern.

Angesichts unserer starken Großunternehmen stellt sich die Frage, wie viel Platz da den kleinen und mittleren Unternehmen bleibt. Wie schafft es ein Unternehmen mit 100 Beschäftigten, sich weiterzuentwickeln in ein Unternehmen mit 200 oder 1000 Beschäftigten? Wenn ich in Frankreich ein Handicap sehe, dann dieses: Wir sind sehr stark darin, etwas Neues zu erfinden, aber wir sind ziemlich schlecht darin, unsere Innovationen weiterzuentwickeln und dahin zu bringen, dass sie zu Wertschöpfung und zu mehr Beschäftigung führen.

Alles in allem haben wir also Unternehmen, die auf bestimmten Gebieten sehr stark sind. Aber wir sind dadurch auch anfälliger als etwa Deutschland, dessen Unternehmen stärker diversifiziert sind. Und speziell im Bereich der Landwirtschaft gibt es Probleme der Umstellung, der Anpassung und der Öffnung zum Weltmarkt.

WICKERT: Lange Zeit war die französische Automobilindustrie großartig, sie war eine der führenden der Welt mit dem Citroën DS und so weiter. Heute fehlt da etwas …

SAPIN: Das ist eine Branche, die ich nicht genannt habe, eben weil Sie mir geantwortet hätten, dass sie in Frankreich in großen Schwierigkeiten steckt – was ja auch stimmt. Die französische Autobranche hat nicht dieselben Entscheidungen getroffen wie die deutsche, die exzellent ist und es verstanden hat, Auslandsmärkte zu erobern auf einem Sektor, in dem der Preis keine so große Rolle spielt. Sie hat sich im Mittelfeld gehalten, aber sich nicht genau genug überlegt, was man für den französischen Markt produzieren sollte und was für andere Märkte – und das war ein Fehler. Ich glaube sogar, dass die französische Automobilindustrie haarscharf an der Katastrophe vorbeigeschlittert ist. Die Katastrophe wäre gewesen, dass zum Beispiel PSA Peugeot Citroën verschwunden wäre – das wäre fast geschehen …

WICKERT: … oder von den Chinesen gekauft!

SAPIN: Das chinesische Unternehmen Dongfeng verfügt nur über eine Minderheitsbeteiligung an PSA Peugeot Citroën. Aber die Gefahr bestand, dass Renault ein internationales oder ausländisches Unternehmen geworden wäre – geschluckt von Nissan oder einem anderen Konstrukteur. Die französischen Autobauer haben sich, auch mit Hilfe des Staates, enorm bewegt in den letzten Jahren. Peugeot ist eine der wenigen Firmen, in die der französische Staat vor kurzem Geld gesteckt hat, und es hat sich gelohnt. Im Übrigen setze ich mich dafür ein, dass der Staat dieses Geld auch wieder zurückbekommt, wenn das Unternehmen sich wieder erholt hat. Die Autobranche ist also ein Sektor, der einmal ein Aushängeschild war, haarscharf an einer Katastrophe vorbeigeschrammt ist und heute dabei ist, wieder ein Glanzstück zu werden.

SEUX: In einem Punkt werden Sie sicherlich übereinstimmen, das ist der Kampf gegen die Überregulierung. Herr Schäuble hat das Beispiel des Berliner Flughafens erwähnt. Es dürfte für einen französischen Minister sehr schwer sein, dabei nicht auch an Frankreich zu denken, das ja international einen sehr guten Ruf hat. Man spricht in Frankreich sehr viel über die Kompliziertheit des Arbeitsrechts, aber das ist nicht der einzige Bereich.

SAPIN: Ich habe dem, was Wolfgang über die Reglementierung in Deutschland gesagt hat, sehr aufmerksam – um nicht zu sagen: mit einem gewissen Schmunzeln – zugehört. In Frankreich spricht man ständig von Kompliziertheit, und man spricht ständig über Vereinfachungen. Ja, objektiv ist vieles zu kompliziert. Das ist ein Punkt, der von den französischen Arbeitgebern auch immer wieder hervorgehoben wird. Jede Regulierung hat ihre Berechtigung, aber die Menge von Regulierungen führt zu ernsthaften Problemen für die Wirtschaft. Wir haben beipielsweise ein Städtebaurecht und ein Baurecht – je nachdem, ob es um Wohnungsbau oder um Industriebauten geht. Es gibt ein Gemisch von Zuständigkeiten zwischen örtlichen Behörden, die für den Bebauungsplan zuständig sind, und nationalen Regeln, etwa im Bereich des Umweltschutzes. So benötigt bei uns ein einziges Bauvorhaben für eine Metallfabrik bis zur Genehmigung 18 Monate bis zwei Jahre, eventuelle juristische Einsprüche nicht eingerechnet. Und es kann passieren, dass über einen Antrag noch fünf Jahre später vor Gericht gestritten wird.

SEUX: Die Weltbank nennt in ihrer jährlichen Businessanalyse Zahlen: Um in Frankreich auf dem Land eine Lagerhalle zu bauen, benötigt man 187 Tage, in Deutschland 97 Tage und in den USA 27.

SAPIN: Aber ich weiß, dass man es in Deutschland trotzdem noch zu kompliziert findet! Wir sind uns ja einig, eine der Prioritäten ist die Vereinfachung.

WICKERT: Sie waren, bevor Sie Finanzminister wurden, Arbeitsminister. Vor kurzem hat ein Sozialist, Robert Badinter, ein Buch über die Frage des Arbeitsrechts geschrieben. Er erklärt darin, man müsse hier sehr viel ändern, denn das sei das größte Problem der französischen Wirtschaft.

SAPIN: Eine der größten Stärken Deutschlands ist, ich habe es schon erwähnt, die Fähigkeit der Sozialpartner zum Dialog. In Frankreich laufen die Dinge anders. In Frankreich ist das Arbeitsrecht gesetzlich geregelt, in allen Details, es wird also vom Parlament bestimmt. Dass die Sozialpartner untereinander Regeln aushandeln, die dann in einem Unternehmen oder einer ganzen Branche gelten, kommt bei uns nur gelegentlich vor, während es bei Ihnen die übliche Praxis ist. Die französische Regierung will die Dinge nicht auf den Kopf stellen, aber wir wollen es so regeln, dass es einen bestimmten allgemeinen Rahmen auf nationaler Ebene gibt, der dann den einzelnen Sektoren oder Unternehmen angepasst wird. Das habe ich als Arbeitsminister im Rahmen des Gesetzes über den Dialog der Sozialpartner und dessen Auswirkungen auf die Unternehmen in die Wege geleitet.

Die Frage, die sich heute stellt, ist schlicht und einfach: Wie schützt man die Arbeitnehmer besser? Schützt man sie durch eine starre Regelung, die letztlich von der Realität unterlaufen wird, oder schützt man sie besser durch eine Regelung, die dieser Realität angepasst werden kann? Und Badinter, der keineswegs ein Spezialist für Arbeitsrecht ist, aber mit einem großen Arbeitsrechtsexperten zusammengearbeitet hat, sagt nicht, dass man sämtliche Grundsätze umstürzen sollte, dass wir kein Arbeitsgesetzbuch mehr bräuchten, sondern er fordert, dass das Arbeitsrecht verständlich gemacht wird. Und er hat recht damit.

WICKERT: Ist das denn in Frankreich überhaupt möglich? Ihr Arbeitsrecht umfasst mehr als tausend Seiten.

SAPIN: Es ist schwierig, ja, aber es ist möglich. In Frankreich ist der Dialog zwischen den Sozialpartnern ungewohnt. Die Gewerkschaften hier sind sehr uneins. Ich erinnere mich an ein Treffen mit Ursula von der Leyen, als sie wie ich dem Arbeitsministerium vorstand. Wir hatten einen Dialog initiiert, bei dem die Sozialpartner beider Länder, die deutschen Arbeitgeber und Gewerkschaften und die französischen Arbeitgeber und Gewerkschaften, zusammentrafen. Ich eröffnete den Dialog und gab das Wort weiter. Es gab einen Deutschen, der im Namen der deutschen Gewerkschaften redete, und fünf Franzosen aus den fünf landesweit vertretenen Gewerkschaftsorganisationen, die im Namen der französischen Gewerkschaften redeten. Es ist klar, dass das eine Schwäche ist.

WICKERT: François Hollande will das ändern. Er will es ein bisschen wie die Deutschen machen: Die verschiedenen Partner sollen selbst miteinander sprechen.

SAPIN: Ich bin überzeugt, dass man sich von dem inspirieren lassen kann, was in Ihrem Land passiert, und ich wiederhole, der Dialog zwischen den Sozialpartnern ist eine der Stärken Deutschlands. Aber man kann nie ein Modell einfach kopieren. Man muss vor allem berücksichtigen, dass angesichts der Geschichte, angesichts der Vielfalt der Gewerkschaften und auch der Arbeitgeber, sich in Frankreich der Dialog zwischen den Sozialpartnern zu dritt abspielen muss: Der Staat ist immer dabei. Deshalb sind die Arbeitsminister ein wichtiges Element, sie müssen diejenigen sein, die den Dialog erleichtern. In unserem System gibt es immer wieder den Moment, wo die Sozialpartner keinen Kompromiss finden, und dann kommen sie zur Regierung und fordern sie auf, ihnen dabei zu helfen, ihre Probleme zu lösen.

Seux: Lassen Sie uns ein wenig über die Sozialsysteme sprechen. In Frankreich hört man oft: Der wirtschaftliche Erfolg Deutschlands hat auch seine Kehrseite. Wachsende Armut, prekäre Beschäftigungen und Minijobs sind der Preis, der für den Erfolg zu zahlen ist. Da kann Sie doch wirklich niemand um Ihr Modell beneiden. Die Armutsquote in Deutschland liegt nach den Berechnungen von Eurostat drei Prozentpunkte höher als die in Frankreich: 17 Prozent Arme in Deutschland, 14 Prozent in Frankreich.

Schäuble: Aber diese Statistiken sind irreführend. In Deutschland lebt niemand wirklich von Minijobs. Es gibt ja Hartz IV, und die gezahlten Leistungen sind sehr viel höher als ein Minijob-Einkommen. Viele üben einen Minijob zusätzlich zu einem anderen Job aus. Deswegen sagt die Zahl der Minijobs gar nichts über die soziale Lage aus, die Armutsstatistik leider auch nicht, weil der Armutsbegriff ein statistischer Wert ist: Wer in Deutschland weniger als 60 Prozent des Durchschnittseinkommen hat, gilt als arm. Je mehr also das Durchschnittseinkommen steigt, umso mehr nimmt die Zahl der Armen zu. Natürlich haben wir soziale Probleme in Deutschland, gar keine Frage, aber dies ist vor allem ein Problem der Inklusion: Es betrifft Menschen, die nicht in der Lage sind – aus welchen

Gründen auch immer –, die Leistungen des sozialen Systems in Anspruch zu nehmen. Menschen, die zum Beispiel obdachlos sind. Diese Statistiken werden ja oft von Sozialverbänden gemacht, und die haben natürlich ein Interesse daran, dass der Druck hoch scheint, mehr Mittel zur Verfügung stellen zu müssen.

SEUX: Aber es gibt doch kein Interesse, die Lage düsterer zu malen, als sie ist. Eurostat ist eine neutrale Organisation, die keine politischen Interessen verfolgt.

SCHÄUBLE: Ja, aber die Statistiker folgen ihren eigenen Regeln, und sie definieren den Umstand der sozialen Bedürftigkeit im Verhältnis zum Durchschnittseinkommen. Natürlich kann ich sagen, Armut ist etwas Relatives: Mit einem Einkommen, mit dem man in Deutschland arm ist, ist man in Estland reich. Es ist eine Frage der Lebensumstände. Trotzdem sind diese Statistiken irreführend, und es gibt dazu ja auch eine Menge wissenschaftlicher Literatur. Übrigens auch von Verantwortlichen aus den Sozialverbänden, die sagen: Wir dürfen uns dadurch nicht den Blick auf die wahren Probleme versperren lassen. Und die liegen bei den jungen Menschen, die aus Familien kommen, wo sie überhaupt nicht auf das Leben vorbereitet werden: Schüler in Berliner Grundschulen haben als Berufswunsch angegeben, sie möchten Hartz-IV-Empfänger werden, weil sie gar nichts anderes kennen. Wir haben darüber hinaus Menschen, die infolge von Migration – illegaler Immigration, aber auch durch Migration aus bestimmten europäischen Ländern – unter entsetzlichen Umständen ausgebeutet werden. Wir versuchen, das durch

Kontrollen zu bekämpfen und dem entgegenzutreten. Aber insgesamt, glaube ich, sind wir in Deutschland, was die soziale Situation betrifft, in einer sehr viel besseren Situation, als uns gelegentlich vorgehalten wird.

SAPIN: Wenn man den Statistiken von Eurostat Glauben schenken darf, ist die Armenquote in Deutschland tatsächlich höher als in Frankreich. Aber die Vergleichbarkeit zwischen den verschiedenen Ländern auf diesem Gebiet ist eine heikle Angelegenheit. Ich ziehe es daher vor, auf die langfristigen Tendenzen zu schauen. Die Ungleichheit und die Armut haben in Deutschland zugenommen – vor allem zwischen 2000 und 2007, also vor der Finanzkrise. Dies ging einher mit einer Periode der Zurückhaltung bei Löhnen und Gehältern und einer Verbesserung der Wettbewerbsfähigkeit der deutschen Wirtschaft. Das eine könnte mit dem anderen etwas zu tun haben.

Gleichwohl ist die Zunahme von Armut und Ungleichheit ein weltweites Phänomen, das ich sehr beunruhigend finde: Das Wachstum im 21. Jahrhundert scheint zu mehr Ungleichheit zu führen, als das früher der Fall war. Es ist daher unsere Verantwortung, darüber nachzudenken, wie es für die Gesamtheit der Bevölkerung gerechter zugehen kann. Wir müssen über diese Frage diskutieren, auf europäischer Ebene, aber auch unter den G20-Staaten.

WICKERT: Es gibt Kritik aus Frankreich an Deutschland, aber auch Kritik von deutscher Seite an den Abläufen in Frankreich. Zum Beispiel wird oft kritisiert, dass sich in Frankreich der Staat zu viel einmischt. Nehmen wir den Fall Alstom: Siemens will das Unternehmen kaufen, doch der Staat entscheidet sich am Ende, 20 Prozent selbst zu übernehmen und die Energiesparte der amerikanischen General Electric zu geben. Man sagt: Es war politischer Wille. Siemens sollte nicht das bekommen, was es haben wollte. Warum hat man das die Unternehmen nicht unter sich regeln lassen?

SAPIN: Zunächst einmal haben sich die Dinge nicht ganz so zugetragen, wie Sie das darstellen. Alstom verhandelte mit General Electric über deren Offerte, ohne die Regierung darüber zu informieren. Die Regierung bestand darauf, dass Alstom mit einer Entscheidung abwartete, damit Siemens sein Angebot machen konnte. Es war also nicht die Regierung, die die Offerte von Siemens zurückwies. Der Vorstand von Alstom hat die Entscheidung getroffen, der am besten weiß, was für sein Unternehmen gut ist.

Allgemeiner gesprochen: Es erscheint mir unverzichtbar, dass es Regulierungen gibt und der Staat ein Wörtchen mitredet, wenn es sich um so wichtige Branchen wie die Nuklearbranche handelt. Wenn ich diesen Fall mit dem vergleiche, was in den USA geschieht, und mit den Möglichkeiten der Amerikaner, eine Investition zu genehmigen oder zu verbieten, sind wir die reinsten Unschuldsengel!

Aber worauf es ankommt: Wir müssen dazu beitragen, europäische Champions aufzubauen, Airbus ist das beste Beispiel hierfür. Die entwickeln sich nicht von allein. Denn nur europäische Champions können in der heutigen Welt gegen die amerikanischen oder anderen Champions weltweit bestehen.

WICKERT: Dann begreife ich die Entscheidung zu Alstom nicht.

SAPIN: Wir haben heute keine europäischen Instrumente, um solche Champions aufzubauen. Das sichtbarste Beispiel dafür sind die großen Telefonanbieter. In Europa gibt es in jedem Land mindestens zwei oder drei, wenn nicht noch mehr Anbieter. Wenn man das mit der Zahl der Anbieter in den USA oder auch in China vergleicht, stellt man fest, dass hier etwas nicht stimmt.

SEUX: Sollten die Preise steigen und es weniger Konkurrenz geben?

SAPIN: Ich weiß nicht, ob man die Preise anheben müsste, die Verbraucher profitieren ja von niedrigen Preisen, und solange sich das mit den notwendigen Investitionen vereinbaren lässt, ist es eine gute Sache. Jedenfalls glaube ich, dass vier große, solide Akteure in Europa genügen würden, es wäre produktiver und rentabler, ohne dass es automatisch höhere Preise geben müsste.

Oder nehmen wir die Frage der Digitalisierung. Wenn es keine europäische Digitalisierung gibt, werden wir es mit den Großen nicht aufnehmen können, die heute die Amerikaner sind, aber vielleicht morgen die Chinesen oder die Inder. Das ist ein typischer Fall, wo Europa imstande wäre, den Aufbau von globalen Champions der Kommunikationstechnologie zu fördern, damit wir der Herausforderung standhalten können. Es wird Zeit, dass Europa sich in Bewegung setzt. Insbesondere Frankreich und Deutschland müssen sich bemühen, dieses Europa der Kommunikation und Informationstechnologien aufzubauen.

SCHÄUBLE: Das ist ja auch eines der Hauptthemen in den europäischen Diskussionen. Wir müssen in der Datenindustrie europäische Regulierungen, europäische Märkte und europäische Netze schaffen. Das geht nur gesamteuropäisch. Wir brauchen auch einen europäischen Energiemarkt. Das ist schwieriger, weil wir hier sehr unterschiedliche nationale Interessen haben. Wir brauchen eine digitale Union und eine Energieunion. Das ist eine Frage der Regulierung, da ziehen wir an einem Strang. Und wir müssen die Sammlung und den Austausch von Informationen – also das, was man das Recht auf Privatsphäre nennt – europäisch so regulieren, dass wir die Industrie nicht erdrücken. In Deutschland übertreiben wir es manchmal mit dem Datenschutz. Man muss unter vernünftigen Konditionen Daten sammeln und austauschen können. Man muss auf der anderen Seite auch darauf achten, dass kein Missbrauch stattfindet. Aber wenn wir das nicht europäisch regeln, werden wir die großen Investitionen, die wir brauchen, nicht bekommen.

SEUX: Herr Schäuble, wenn Sie von Deutschland aus auf die französische Wirtschaft schauen: Was ist Ihr Eindruck?

SCHÄUBLE: Die französische Wirtschaft hat spezifische Stärken, Michel hat sie beschrieben. Die Leistungsfähigkeit der Verwaltung und des *service public* ist ein großer Vorzug. Natürlich muss man dabei berücksichtigen: Frankreich hat eine viel geringere Besiedlungsdichte als

Deutschland, deswegen war es dort auch leichter, einen Schnellzug wie den TGV zu bauen, und ein Vorteil dabei ist auch die Zentralisierung. Frankreich hat große, leistungsstarke Unternehmen. Und dort, wo es uns wie bei Airbus gelingt, etwas gemeinsam zu machen, sind wir außergewöhnlich erfolgreich. Also, wir haben unsere spezifische Stärke und Frankreich auch. Und gerade die Ausbildung in der Spitze ist in Frankreich in vielen Bereichen exzellent. Frankreich hat ja auch einen unbefangeneren Umgang mit dem Begriff Elite. Das prägt die jeweiligen Bildungssysteme. In Deutschland war es lange umstritten, ob wir überhaupt Eliteuniversitäten haben dürfen. Aber natürlich brauchen wir auch Spitzen.

WICKERT: Der Begriff Elite wird von vielen Leuten hier immer noch in Verbindung gebracht mit dem Dritten Reich. Man muss sich von diesen Tabus befreien, das ist gar keine Frage. Aber was mich interessiert: In Frankreich gibt es diese spezielle Form der Erziehung: École polytechnique und ENA. Es gibt Leute, die durch diese Eliteerziehung gegangen sind, die sagen: Das ist ein Problem für Frankreich. Ein ehemaliger Polytechnicien erklärte: Wir sollten unsere Eliteausbildung nach Japan und Deutschland exportieren, und in etwa zehn Jahren sind die auf unserem Niveau. Und er meinte damit natürlich ein niedrigeres Niveau. Dieser französische Kritiker hat auch gesagt, es gebe eine bestimmte Erziehung, zu denken: Alles, was ich tue, muss auf das Wohl Frankreichs bezogen werden. Und er nennt dafür ein abenteuerliches Beispiel, nämlich den Skandal um die »Avions Renifleurs«, die »schnüffelnden Flugzeuge«, aus den siebziger Jahren.

Damals fügte ein Betrüger der französischen staatlichen Firma Elf Aquitaine einen Schaden von Hunderten Millionen Dollar zu. Er behauptete, ein ganz spezielles Flugzeug erfunden zu haben: Wenn es über die Erde fliege, rieche es, wo Öl sei. Man könne also auf Probebohrungen verzichten. Das Ganze sei natürlich streng geheim, die Amerikaner sollten nicht Wind davon bekommen. Und dann wurde ein Vertrag gemacht, der von Präsident Giscard d'Estaing abgesegnet wurde. Darin stand: Der Gerichtsweg ist ausgeschlossen. Das war ein sehr kluger Betrüger. Als man herausgefunden hatte, dass das alles überhaupt nicht funktionierte, bat Giscard d'Estaing den Präsidenten des Rechnungshofs um eine Analyse, warum die Entscheidungen so getroffen wurden. Dem Bericht zufolge haben alle gesagt, das sei gut für Frankreich. Man sei dadurch imstande, etwas zu tun, was niemand sonst auf der Welt machen kann.

SCHÄUBLE: Darf ich dir eine Frage stellen, Michel? Vielleicht war die Frage von Ulrich Wickert zu sehr auf Frankreichs Patriotismus bezogen. Aber wir haben vorhin darüber diskutiert, dass die französische Tradition des Zentralismus sich auch in der Wirtschaftsstruktur widerspiegelt, mit all den großen Unternehmen, während sich unsere Tradition von Föderalismus in dieser viel stärkeren Diversifizierung zeigt. Könnte es nicht doch sein, dass unter diesem Gesichtspunkt Deutschland wirtschaftlich auf die Globalisierung besser vorbereitet ist als Frankreich?

SAPIN: Ja, tatsächlich fühlt sich Deutschland wohler bei der Globalisierung als Frankreich. Ich habe die politischen Debatten in Deutschland nicht aufmerksam genug verfolgt, aber ich habe den Eindruck, die Globalisierung ist ein zentrales Thema. Von manchen, die sie ablehnen, wird gepredigt, man solle sich auf die eine oder andere Weise dagegen abschotten – was natürlich ein Irrglaube ist, denn die Globalisierung ist eine Tatsache. Aber wir müssen wissen, mit welchen Mitteln wir ihr gegenübertreten sollen. Es gibt immer die Diskussion, ob wir ihr mit höherer Qualität und besserer Qualifikation oder mit einer Kostenreduktion gegenübertreten sollen – diese Debatte kennen wir alle. Aber die Globalisierung ist der Grund für das, was ich als das größte Handicap Frankreichs betrachte, nämlich der Pessimismus Frankreichs in Bezug auf sich selbst, der Pessimismus der Franzosen.

SEUX: Und woher kommt der?

SAPIN: Die französische Bevölkerung sieht nicht, wie man aus der Globalisierung etwas Gutes ziehen kann. Dagegen sieht sie sehr deutlich, dass sie negative Auswirkungen auf die Struktur ihrer Wirtschaft hat: Betriebe werden geschlossen, das Lohnniveau sinkt, weil man im direkten Vergleich zu allen möglichen Ländern steht, die soziale Absicherung wird schlechter, wenn man sich der globalen Situation anpassen muss. Wenn wir etwas optimistischer wären, würden wir erkennen: Frankreich verfügt über beträchtliche Stärken, um wieder in die Gänge zu kommen und mit der Globalisierung zurechtzukommen. Die Globalisierung wird Frankreich nicht zerschmettern, wenn es sich anpassen kann. Genau das hat übrigens schon Alain

Peyrefitte Mitte der siebziger Jahre in seinem Essay *Was wird aus Frankreich?* geschrieben.

SEUX: Ich möchte auf einen konkreten Punkt zu sprechen kommen: die Länge der Arbeitszeit. Vielleicht sind beide Länder hier näher beieinander, als man vermutet, mit der 35-Stunden-Woche auf der einen und 29 Urlaubs- und zehn Feiertagen auf der anderen Seite. Die Zahl der Stunden, die pro Jahr gearbeitet wird, weicht nicht sehr voneinander ab.

SAPIN: Wenn ich mir die Statistiken anschaue, sehe ich auf beiden Seiten des Rheins praktisch keinen Unterschied. Die durchschnittliche jährliche effektive Arbeitszeit in Frankreich und Deutschland beträgt 1650 Stunden. In bestimmten Bereichen sind die Arbeitszeiten in Deutschland durch Abkommen zwischen den Beschäftigten und den Unternehmen stärker beschränkt, in anderen Bereichen können die Arbeitszeiten länger sein. Aber im statistischen Durchschnitt haben wir heute vergleichbare Arbeitszeiten – auch weil die 35 Stunden in Wirklichkeit gar keine 35 Stunden sind. In Frankreich beträgt die durchschnittliche Wochenarbeitszeit mehr als 35 Stunden. Im Grunde sind die 35 Stunden eher ein Mittel, um den Reallohn zu kalkulieren, als die Arbeitszeit zu begrenzen. Der Gesetzgeber spricht von 35 Stunden, aber real arbeiten die Franzosen mehr als 38 Stunden die Woche. Das ist eine Scheindebatte.

Ich gebe gerne zu, dass die 35 Stunden ein Symbol sind, aber ich glaube nicht, dass sie in der Realität ein Wettbewerbshindernis sind. Sie sind Ausdruck eines politischen

Willens, der aus den Wahlen von 1997 hervorging. Nicht einmal Nicolas Sarkozy hat daran gerührt, das wird seine Gründe haben. Aber wir müssen die Möglichkeit eröffnen – und wir haben das ja bereits getan –, die 35 Stunden den jeweiligen Unternehmen anzupassen.

SEUX: Herr Schäuble, was haben Sie gedacht, als in Frankreich die 35-Stunden-Woche eingeführt wurde?

SCHÄUBLE: Ich glaube, dass die Frage der 35-Stunden-Woche eine der Fragen ist, die viel mehr eine symbolische Wirkung haben, als dass sie sich in der Statistik niederschlagen. Politik ist eben viel mehr eine Frage der Psychologie als eine Sache harter Fakten. Ich glaube, das ist einer der Gründe, warum die vormalige Präsidentschaft von Sarkozy ökonomisch nicht sehr erfolgreich war. Er hat ja einen Wahlkampf geführt, wenn ich mich recht erinnere, *pour la rupture* – er wollte eine Zäsur. Er hatte vor, an die 35-Stunden-Woche heranzugehen, aber dann hat er sich politisch entschieden, es nicht zu tun. Und ich glaube, dass dies eine Wirkung hatte, die weit über die Entscheidung als solche hinausging. Wenn ich die Statistiken lese, dann ist – bei allem Respekt, Michel – der Anteil der Verwendung des Bruttoinlandsprodukts für soziale Zwecke in Frankreich noch einmal deutlich höher als in Deutschland, obwohl wir hier auch schon sehr hoch liegen, weit über den USA, Kanada oder Australien. Aber Frankreich ist signifikant an der Spitze. Und dies hat Auswirkungen auf die Wettbewerbsfähigkeit. Wenn ich mit Betrieben im Elsass oder in Baden rede, dann rechnen die mir vor, dass die Lohnkosten im Elsass deutlich höher sind als bei uns.

Das ist einer der Punkte, von denen ich denke, dass die französische Politik sich damit beschäftigen muss. Ein Teil davon mag Psychologie sein, wir wissen es: Wirtschaft hat furchtbar viel mit Psychologie zu tun.

WICKERT: Frankreich und Deutschland haben völlig verschiedene Ansätze bei den öffentlichen Finanzen. Deutschland huldigt dem ausgeglichenen Haushalt und Überschüssen, Frankreich einer dynamischen, proaktiven Politik der wirtschaftlichen Belebung, die eher keynesianisch ist – übrigens egal, ob die Rechte oder die Linke an der Macht ist. Wie erklären Sie sich diesen Unterschied? Macht Ihnen das Angst vor dem jeweils anderen?

SEUX: Die öffentlichen Haushalte in Deutschland erzielten 2015 einen Überschuss von 12 Milliarden Euro, Frankreich schloss mit einem Defizit von 70 Milliarden Euro ab. Die öffentlichen Ausgaben bewegen sich in Frankreich um 56 bis 57 Prozent des Bruttoinlandsprodukts, 12 Prozentpunkte mehr als in Deutschland.

SCHÄUBLE: Die schwarze Null ist für mich auch ein Symbol. Sie hat den Vorteil, dass jeder sie überprüfen kann, aber sie ist nicht so furchtbar bedeutend. Die Frage ist doch, ob wir bei einer demographischen Entwicklung, wie wir sie haben, mit einem schnellen Alterungsprozess unserer Gesellschaft, in Zeiten, in denen wir eher knapp über der konjunkturellen Normalauslastung liegen, Defizite machen sollen. Man hat vielleicht vergessen, dass man Defizite irgendwann auch mal reduzieren muss. Wenn wir jetzt nicht ohne Defizite auskommen, dann erklären wir, dass wir niemals ohne Defizite auskommen. Und dann werden wir möglicherweise eine psychologisch sehr viel negativere Wirkung haben. Warum haben wir denn eine so gute wirtschaftliche Entwicklung? Nicht nur, weil wir auf den Exportmärkten ganz gut sind. Wir verzeichnen auch einen Anstieg der Inlandsnachfrage, wie wir ihn zuvor nicht hatten. Diese Regierung mit ihrer konservativen Finanzpolitik hat hier die höchste Steigerung aufzuweisen. Ich habe als Finanzminister schon vor einiger Zeit gesagt, wir können uns höhere Lohnsteigerungen als andere europäische Länder leisten. Das ist für einen deutschen Finanzminister ziemlich ungewöhnlich. Wir befinden uns jetzt in unserer Lohnentwicklung deutlich über dem Produktivitätszuwachs. Das heißt, wir müssen jetzt aufpassen, dass wir nicht in fünf Jahren von Frankreich kritisiert werden, wir seien wirtschaftlich nicht mehr genügend kompetitiv. Die rückblickend schwierigen Zeiten, in denen Probleme zu wachsen begannen, sind ja nicht selten gerade die gewesen, wo es relativ gut lief. Wir werden mehr Geld brauchen, um die Zuwanderungswelle zu bewältigen, aber ich sage auch: Für viel mehr andere Dinge haben wir kein Geld.

SEUX: Aber Ihre Infrastruktur, die Brücken, die Autobahnen, die Bahngleise in Deutschland scheinen in keinem guten Zustand zu sein. Man kennt die Bilder im europäischen Fernsehen, es sind immer die gleichen. Ist das vollkommen falsch?

SCHÄUBLE: Der Engpass bei unserer Infrastruktur ist nicht die Folge mangelnden Geldes, sondern eine Folge fehlender administrativer Kapazität, Planungs- und Genehmigungskapazität. Der Flughafen Berlin scheitert ja nicht am Geld, im Gegenteil, er wird immer teurer, bald sind wir bei zehn Milliarden Euro angelangt. Sie kennen die Vorgänge um den Bahnhof in Stuttgart, auch hier ist es eine Frage von Planung und Genehmigung. Wir brauchen dafür zwanzig Jahre, und wir prozessieren endlos. Wir würden mehr Brücken reparieren können, wenn wir die Planungs- und Genehmigungskapazität hätten, und bei den Gerichten sieht es ähnlich aus. Bei unserer föderalen Struktur verhält es sich so, dass jeder Kommunal- und jeder Landespolitiker, der ein Problem mit der Infrastruktur hat, zu seiner Bevölkerung sagt: Der Bund muss mehr Geld geben. Und das kommt dann in den Medien an. Die deutsche Bauwirtschaft und die Industrie sind ja ebenso wie das Handwerk gut ausgelastet. Wenn wir die öffentliche Nachfrage nach Bauleistung erhöhen, und das prüfen wir natürlich, müssen wir aufpassen, dass wir nicht nur in Preissteigerungen investieren, denn das wäre nicht sehr vernünftig.

WICKERT: Aber, Herr Schäuble, eines muss man doch sagen: Die französischen Autobahnen sind so viel besser als die deutschen Autobahnen. Die deutschen Autobahnen werden dauernd repariert, und sie sind trotzdem in einem schrecklichen Zustand.

SCHÄUBLE: Haben Sie mal die Besiedlungsstruktur von Frankreich mit der von Deutschland verglichen?

WICKERT: Aber man kann doch trotzdem ordentliche Autobahnen haben.

SCHÄUBLE: Ja, aber sie haben eine völlig andere Belastung. Wenn Sie sich die Autobahn von Hannover nach Berlin ansehen: Dort hatten Sie nach dem Fall des Eisernen Vorhangs zwei Autobahnspuren praktisch nur mit Lastwagen voll. Einen solchen Transitverkehr haben Sie nirgends sonst in Europa.

WICKERT: Dann muss man eben eine andere Verkehrspolitik machen.

SCHÄUBLE: Aber das geht doch nicht von heute auf morgen.

SEUX: Ehrlich gesagt, wenn man über die Autobahn fährt, hat man nicht das Gefühl, in Deutschland zu sein, oder?

SCHÄUBLE: Na ja, ich kenne viele Franzosen und Schweizer, die es sehr genießen, auf den deutschen Autobahnen ohne Tempolimit fahren zu können, nicht?

WICKERT: Und dazu sind sie auch noch kostenlos!

SCHÄUBLE: Wir haben im Westen Deutschlands eine so dramatische Besiedlungs- und Infrastrukturdichte, dass es furchtbar schwierig ist, neue Strecken zu planen. Dasselbe gilt auch für Eisenbahnstrecken. Es ist sehr teuer, und die Umweltauflagen sind sehr hoch. In Ostdeutschland dagegen haben wir eine wunderbare Infrastruktur. Und wir dürfen nicht vergessen: Wir sind eines der Haupttransitländer in Europa. Wenn Sie von Rotterdam nach Mailand wollen, fahren Sie nicht ausschließlich über französisches Gebiet.

SAPIN: Wolfgang, du hast die Sozialausgaben in Frankreich erwähnt. Der Befund ist unwiderlegbar, dass die soziale Absicherung in Frankreich sehr viel höher ist im Verhältnis zum BIP als in den meisten anderen Ländern. Man sollte aber auch nur Vergleichbares vergleichen. In Frankreich ist die ganze soziale Absicherung – oder fast die ganze – verpflichtend, auch wenn es hier und da vertragliche Vereinbarungen zwischen Arbeitgebern und Gewerkschaften gibt, die nicht unter die Sozialbeiträge fallen. Trotzdem ist das eine echte Schwierigkeit, sie geht zu Lasten der Wettbewerbsfähigkeit der französischen Unternehmen. In Frankreich sagt man, die Belastungen der Unternehmen seien zu hoch. Dieser Befund ist richtig, und wir haben darauf eine Antwort gegeben in Form unseres »Pakts der Verantwortung«. In den Jahren 2014 bis 2017 werden wir die Abgaben um 41 Milliarden senken, das entspricht 2 Prozent des BIP, um die Unternehmen wieder wettbewerbsfähig zu machen und wieder Raum für Initiative, Innovation und Investitionen zu schaffen, wovon wir uns auch neue Stellen erhoffen. Auch hier müssen wir im Rahmen einer europäischen Zusammenarbeit eine konvergente europäische Wirtschaftspolitik schaffen.

SEUX: Nun zu Unterschieden bei den öffentlichen Finanzen, das ist ein heikler Punkt …

SAPIN: Ich möchte auf Ihre Frage antworten, ob das Defizit zur Kultur der öffentlichen Finanzen in Frankreich gehört. Angeblich wirtschaften die Franzosen im Großen und Ganzen defizitärer, die Deutschen hingegen sind auf Überschüsse aus. Deutschland hatte ein enormes Defizit nach der Wiedervereinigung, aber es hat sich seinen Problemen gestellt. Während der Krise 2008/2009 hat Deutschland eine keynesianische Politik betrieben, wenn auch von sehr viel geringeren Defiziten ausgehend als Frankreich, und ist wieder auf einem Niveau angekommen, das dem vor der Krise entspricht. Da Frankreich von einer bereits defizitären Lage ausging, war es viel schwieriger, die Defizite wieder zu senken.

Ich stelle nur fest, dass das Handicap in Frankreich nicht so sehr die Frage des Defizits ist. Wir haben in unseren beiden Ländern eine Diskussion darüber, in welcher Geschwindigkeit die Defizite abgebaut werden sollen, aber über das Ziel gibt es keinerlei Differenzen zwischen uns. Ganz eindeutig hätten wir in den letzten zehn Jahren grundlegende Reformen gebraucht, um unsere Wirtschaft wettbewerbsfähig zu machen. Während Deutschland diese vollzogen hat, hat Frankreich es objektiv nicht gemacht. Wir bezahlen heute für unsere Untätigkeit der letzten zehn Jahre.

WICKERT: Zu Beginn des Jahrhunderts galt Deutschland als der »kranke Mann Europas«. Sämtliche Zahlen waren in Frankreich sehr viel besser.

SAPIN: Damals ja. Aber die Zahlen sind nicht besonders aussagekräftig, die langfristigen Tendenzen zählen. Wir müssen auch die demographische Entwicklung mit einbeziehen. Die Finanzierung der Renten ist in einem Land wie dem unseren heute eine sehr schwierige Aufgabe, aber relativ leicht lösbar, wenn man die demographische Entwicklung berücksichtigt. In Deutschland, so mein Eindruck, ist es genau umgekehrt. Die Finanzierung der Renten mag heute leicht sein, aber in zwanzig Jahren wird dies ein großes Problem darstellen. Daher ist es sehr begreiflich, dass Deutschland sich heute vor Defiziten fürchtet: Man schaut darauf, was in der Zukunft sein wird. Man muss immer vorausschauen, um heute die richtigen Entscheidungen zu treffen, und künftige Schwierigkeiten zu vermeiden; und dabei können unterschiedliche Antworten nötig sein.

SEUX: Wir haben damit begonnen, über die öffentlichen Finanzen zu reden. Kommen wir zu einem ernsten Kritikpunkt: Die strikte Budgetpolitik, die Sie, Herr Schäuble, seit Jahren vertreten, wird von einem Großteil der Europäer für die Verlängerung der Krise seit 2008 verantwortlich gemacht.

SCHÄUBLE: Ich kenne die Kritik. Ich kann sie nicht wirklich nachvollziehen. Wir hatten bessere Ergebnisse als die, die uns kritisieren, auch im Wachstum. Wir sind die Wachstumslokomotive Europas.

SEUX: Für Europa oder für Deutschland? Ich spreche jetzt von Europa.

SCHÄUBLE: Sie kritisieren ja die deutsche Politik, wir haben aber bessere Ergebnisse als die, die uns kritisieren. Wir haben die bessere Arbeitsmarktsituation, die deutsche Wirtschaft entwickelt sich gut, und davon profitieren auch andere in Europa. Wenn Sie das, was als Keynesianismus beschrieben wird, ernst nehmen, betreiben wir keynesianische Politik. Wir haben derzeit konjunkturell eine Normalauslastung, wir liegen sogar etwas darüber. Wir haben eine rückläufige Arbeitslosigkeit, und infolgedessen bauen wir die hohen Defizite ab. Im Übrigen: exakt so, wie Europa das vorschreibt, denn wir sollen innerhalb von zwanzig Jahren unsere Gesamtverschuldung auf 60 Prozent des Bruttoinlandsprodukts senken, derzeit liegen wir noch über 70 Prozent. Zweitens: Die Länder, die in Europa eine ähnliche Politik betreiben wie Deutschland, haben im Durchschnitt bessere Ergebnisse als die Länder, die eine andere Politik verfolgen. Das gilt für eine Reihe der sogenannten nördlichen Länder, es gilt aber auch für Spanien.

SEUX: Wenn ich mit der Kritik noch einen Augenblick fortfahren dürfte: Das Wachstum in der Eurozone insgesamt seit 2010 ist schwächer als anderswo. Die Politik zielte darauf ab, wie gefordert, die Defizite in der Eurozone zu senken. Es besteht eine Verbindung zwischen diesen beiden Dingen, ich spreche hier nicht allein von Deutschland. Das führt zu einer anderen Frage: Befinden wir uns im Grunde nicht in einer ähnlichen Situation wie 1992/93, als die Bundesbank den Zinssatz wegen der Wiedervereinigung sehr stark angehoben hat, was Europa 1993 in die Rezession stürzte?

SCHÄUBLE: Aber wir machen die Politik des Euroraums doch nicht alleine. Wir leisten unseren Beitrag. Wir haben die Regeln auch nicht alleine geschaffen. Was immer verhandelt worden ist, wurde einstimmig beschlossen. Wir halten die Regeln ein, wir versuchen es jedenfalls. Wir kritisieren andere nicht einmal offen, wenn sie diese nicht einhalten, wir sind hier sehr zurückhaltend. Aber wir werden ständig kritisiert. Und dabei haben wir mehr Wachstum als der Durchschnitt des Euroraums. Das ist das, was ich an der Kritik nicht so richtig verstehe. Wir haben das Wachstum des Euroraums doch positiv beeinflusst – vielleicht nicht genügend, aber wir tun es mehr als andere.

Und was die Überschüsse angeht: Das ist das Problem der Währungsunion. Die unterschiedliche wirtschaftliche Leistungsfähigkeit ist der strukturelle Mangel des Euroraums. Dafür kann Frankreich nichts und Deutschland nichts, das ist die Unvollkommenheit des Euroraums. Dabei ist eine einheitliche Geldpolitik für die unterschiedlichen Volkswirtschaften ein sehr schwieriges Unternehmen. Für die deutsche Volkswirtschaft war der Eurokurs bei 1,39 US-Dollar nicht so furchtbar schwierig zu handhaben, für andere wohl. Für uns ist das gegenwärtige Zinsniveau zu niedrig, für andere nicht. Die EZB muss aber eine einheitliche Geldpolitik machen. Ich bin kein Anhänger der Politik der monetären Lockerung, und ich habe von Anfang an gesagt: Wenn die EZB diese Geldpolitik betreibt, möchte ich bitte hinterher nicht für steigende deutsche Überschüsse kritisiert werden, denn die sind zwangsläufig, das kann ich mit einem Semester Volkswirtschaft vorhersagen. Im Übrigen hat niemand unter den Ökonomen, auch nicht Paul Krugman, einen derart starken Verfall der Ölpreise vorhergesehen. Wenn ich mir die Auswirkungen des Einbruchs der Energiepreise auf die Konjunktur der Länder des Euroraums anschaue, frage ich mich schon, warum in anderen Ländern ein stärkeres

Wachstum ausbleibt. Und es wundert mich auch, dass jetzt vom Risiko einer Deflation gesprochen wird. Wenn Sie den gesunkenen Ölpreis aus der Inflationsrate herausrechnen, gibt es kein Deflationsrisiko. Die Dinge sind eben etwas komplizierter. Es ist einfach, Deutschland zu kritisieren, einfacher jedenfalls, als die eigenen Probleme anzugehen.

SEUX: Und Sie bedauern nicht, welche Richtung die Wirtschaftspolitik in Europa in den letzten Jahren genommen hat?

SCHÄUBLE: Schauen Sie, Anfang 2010 haben Leute wie Paul Krugman es für ausgeschlossen gehalten, dass der Euro überlebt. Wir hatten eine hochsensible Stimmung, eine gefährliche Ansteckungssituation – es war gleichsam so: Wenn in Malta eine Wasserflasche umfiel, stiegen die Zinsen für Spanien und Italien. Das war schrecklich. Inzwischen haben wir die Sache im Griff. Griechenland ist ein anderes Thema, über das wir noch sprechen werden, aber wir haben selbst dieses Problem ohne beträchtliche Nebenwirkungen im Euroraum überstanden. Es stimmt: Wir haben nicht genügend Wachstum. Aber haben die BRIC-Staaten die großen Wachstumsraten? Hat die Politik der Abenomics in Japan die erwünschten Wachstumsraten erzielt? Wie viele Jahre lang hat die Federal Reserve angekündigt, dass sie die amerikanische Geldpolitik wieder ändern will, bis sie dann endlich damit begann? Aber immer ist Deutschland an allen Problemen in der Welt schuld!

WICKERT: Es ist sehr interessant, dazu die Meinung des französischen Finanzministers zu hören. Monsieur Sapin,

Sie haben sicher eine andere Sicht auf die Dinge. Wie sind die Wachstumszahlen in Frankreich?

SAPIN: 2015 betrug unser Wachstum 1,1 Prozent.

Die Eurozone ist eine sehr mächtige monetäre Organisation und eine sehr schwache wirtschaftliche Organisation, was die Konvergenz unserer Ökonomien angeht, und in diesem Zusammenhang hat die Frage nach den Haushaltsdefiziten ihren Platz. Die Situation ist in Deutschland und Frankreich sehr unterschiedlich, und ich kritisiere gewiss nicht, was Deutschland mit Rücksicht auf seine Situation tut. Wenn Wolfgang sagt: Wenn ich unsere soziale Absicherung in zwanzig Jahren finanzieren will, muss ich bis dahin die Staatsverschuldung beträchtlich verringert haben, um mit einem eventuellen Defizit fertigzuwerden, verstehe ich diese Argumentation.

Aber wie sieht die Lage in Frankreich aus? Wir stehen nicht vor denselben Herausforderungen, aber wir müssen unser Defizit unbedingt verringern. Wir hatten vor der Krise bereits das Handicap eines großen Defizits, und wir haben es noch vergrößert, wie andere auch, um die Krise zu überwinden. 2012 belief es sich auf 5 Prozent, während Deutschland einen ausgeglichenen Haushalt aufwies. Frankreich muss seine öffentlichen Defizite senken, das ist absolut nötig. Die Frage, die sich aber in Frankreich – und vielleicht auch in Italien, in Portugal und in anderen Ländern – stellt, ist die, in welchem Tempo das passieren soll. Ist das Tempo Deutschlands, seine Defizite zu senken und eventuell sogar Überschüsse zu erzielen, geeignet für die Eurozone als Ganze? Und sollte Deutschland einen Überschuss anstreben? Ich glaube das nicht.

Die Frage, die sich uns stellt, lautet: Sollen wir in jedem Land automatisch dieselben Regeln anwenden, oder sollten wir mit Augenmaß vorgehen, mit Rücksicht auf die jeweilige wirtschaftliche Entwicklung? Der Vergleich mit den Vereinigten Staaten erscheint mir hierbei sehr aufschlussreich. Die USA haben in der ersten Phase weniger schnell konsolidiert als Europa. Sie haben es vorgezogen, auf einen nachhaltigen Aufschwung zu warten, bevor sie in einer zweiten Phase sehr entschieden ihr Defizit reduziert haben. Auf diese Weise haben sie unterm Strich viel bessere Ergebnisse erzielt als Europa.

SEUX: Sie sind sich also nicht einig …

SAPIN: Darüber führen wir Diskussionen. Die Europäische Kommission hat Frankreich eine längere Frist für die Rückführung seines Defizits eingeräumt – zwei Jahre mehr –, um auf ein Haushaltsdefizit von 3 Prozent des BIP zurückzukehren. Das wird Wolfgang nicht gerne gesehen haben, aber ich glaube, er nimmt mit Interesse zur Kenntnis, dass wir die uns gesetzten Ziele einzuhalten gewillt sind. 2014 hatten wir ein Defizit von 3,9 Prozent des BIP (während unser Stabilitätsprogramm 4,4 Prozent vorsah), 2015 haben wir unser vorgegebenes Ziel von 3,8 Prozent erreicht, und wir haben den festen Willen, 2017 auf einen Wert unter 3 Prozent zurückzukehren. Gleichwohl ist Frankreich der Ansicht, dass die gemeinsame Währung nicht einzig und allein auf Budget-Regulierung gebaut sein darf. Wir riskieren damit ein Missverhältnis zur ökonomischen Konjunktur – denn die erfordert es vielleicht, in bestimmten Momenten mehr auszugeben und in anderen weniger. Die Regeln müssen intelligent angewendet werden. Und ganz sicher ist für die Wettbewerbsfähigkeit eines Landes entscheidend, dass strukturelle Reformen durchgeführt werden. Die Währungs- und Budgetpolitik allein kann es nicht richten.

SEUX: Herr Schäuble, würden Sie sagen, Ihre beiden Länder haben hier den gleichen Ansatz?

SCHÄUBLE: Ja, und ich möchte Michel daran erinnern: Es gab dazu, dass die Europäische Kommission Frankreich mehr Zeit eingeräumt hat, in Deutschland viele kritische Stimmen. Aber unter ihnen waren nicht die der Bundeskanzlerin und auch nicht die der Bundesfinanzminister. Von uns gab es dazu nicht ein Wort. Denn wir haben der Kommission zugesagt, dass wir uns in keiner Weise dagegen äußern würden. Wir haben dies also unterstützt. Und die zweite generelle Bemerkung: Wir stimmen in vielen Dingen überein, aber Sozialist werde ich nicht mehr in meinem Leben, und du, Michel, bist ein überzeugter Sozialist. Was das Verhältnis von Finanzpolitik und wirtschaftlicher Entwicklung betrifft, höre ich immer: Die Finanzpolitik muss auf die Konjunktur reagieren. Ich denke aber, dass wir mit unserer Finanzpolitik auch Impulse für die Konjunktur setzen, indem wir die psychologischen Elemente stärken. Wenn wir Ende 2009, als ich Finanzminister wurde, nicht eine Politik der finanzpolitischen Nachhaltigkeit begonnen hätten, hätten wir wahrscheinlich in Deutschland nicht so schnell eine Erholung der Nachfrage für Investitionen und dann auch eine Erholung des Verbrauchs erreicht. Sozialisten vertrauen mehr in das, was der Staat machen kann. Das ist gar kein Vorwurf, ich weise nur auf die Unterschiede hin. Menschen wie ich dagegen glauben, dass die Leute viel stärker selbst entscheiden und dass wir daher die richtigen Impulse setzen müssen. Deswegen ist Vertrauensbildung so wichtig. Und damit hängt zusammen: In Deutschland kann ich Strukturreformen nur implementieren, wenn es einen gewissen Druck gibt. In einer Gesellschaft, die das Gefühl hat, alles läuft gut, sind Veränderungen sehr schwer zu erreichen. Wir kennen die Problematik des »Moral Hazard«, des Setzens falscher Anreize, und sie wird in den Diskussionen häufig unterschätzt. Manche europäischen Länder würden leichter zu Reformen in ihren Arbeitsmärkten kommen, wenn sie nicht hoffen würden: Die Europäische Zentralbank wird mit ihrer Geldpolitik schon das Schlimmste verhüten.

Seux: Das erfordert eine Antwort.

Sapin: Das Problem ist, dass die Vergangenheit Wolfgang recht gibt. Ich wünschte, dass die Zukunft ihm unrecht gäbe, aber die Vergangenheit gibt ihm recht, wenn ich mir anschaue, was zwischen 1990 und 2007 passiert ist. Im Lauf der Jahre ist der Euro immer vertrauenswürdiger geworden, und die Zinssätze in jedem Land der Eurozone, die zuvor sehr unterschiedlich waren, haben sich auf die Länder mit dem niedrigsten Zinssatz zubewegt.

Diejenigen, die bei Abschluss der Maastricht-Verträge sagten, wir brauchen neben einer wirkungsvollen Geldpolitik, damit sich die Zinssätze annähern können, als zweiten Pfeiler auch eine gemeinsame Wirtschaftspolitik, erklärten nun: »Wozu sollen wir uns um die Konvergenz unserer Wirtschaften bemühen, das funktioniert doch schon ganz allein mit dem gemeinsamen Geld, die Zinssätze nähern sich an.« Im Grunde waren wir alle faul, wir dachten: »Schaut, es geht doch auch so, warum sollen wir uns plagen, all das umzusetzen?« Von daher gibt die Vergangenheit dir recht, Wolfgang. Dann kam das Jahr 2007, und die Zinssätze sind wieder auseinandergedriftet, weil die Konvergenz der nationalen Ökonomien fehlte.

Aber für die Zukunft, das sage ich besonders im Hinblick auf Frankreich, erscheint mir die Vorstellung abwegig, wir könnten in Frankreich Reformen durchführen, nur weil es eine Art aufgezwungener Disziplin gibt; aufgezwungen von Deutschland oder einem anderen Land.

SCHÄUBLE: Aber das ist die Realität.

SAPIN: Ja, aber ich habe große Mühe, das zu akzeptieren. Warum? Wenn ich Reformen in Frankreich predige, dann weil ich glaube, dass sie gut sind für Frankreich. Das beste Argument gegenüber den Franzosen ist nicht: »Europa will dies oder jenes«, und noch weniger: »Deutschland verlangt das von uns«, sondern: »Das ist gut für uns.« Deshalb wünsche ich mir, dass wir eine Dynamik in Europa schaffen, die positiv besetzt ist. Es geht nicht nur mit einer Dynamik des Drucks, der Disziplin, um den Begriff aufzugreifen – auch wenn ich Disziplin durchaus schätze. Aber eine Disziplin, die auf den Leuten lastet, erzeugt irgendwann das Problem, dass die Zustimmung zu Europa verloren geht.

WICKERT: Aber das Gegenteil ist doch passiert: Europa zwingt uns nicht zu Reformen, sondern das europäische Dach hat es einigen Ländern ermöglicht, auf Reformen zu verzichten.

SAPIN: Das stimmt so bis zum Jahr 2007.

WICKERT: Ich spreche da gar nicht speziell von Frankreich, das gilt auch für Deutschland in gewissen Bereichen, bis heute.

SAPIN: Und deshalb glaube ich, dass es nötig ist, im Budgetbereich Regeln zu haben, damit es nach und nach zu einer Harmonisierung kommt. Wir können uns nicht erlauben, dass einige Länder auf die Überschüsse der anderen setzen, um Zinssätze zu haben, die es ihnen erlauben, zu niedrigen Kosten ihre Defizite zu finanzieren. Das ist auf lange Sicht nicht akzeptabel. Aber das ist es auch, was uns dazu drängt, tiefgreifende Reformen durchzuführen. Meine Angst ist, dass Europa sich heute nicht mehr weiterentwickelt, weil die Zustimmung unserer Mitbürger zum Aufbau Europas fehlt. Um diese Zustimmung wiederzuerlangen, muss man wieder die Lust auf Europa wecken. Und Lust auf Europa entsteht nicht unter Druck und durch Disziplin, sie entsteht, wenn man die Ansicht teilt, dass die Reformen gut für das Land sind.

WICKERT: Ja, aber es ist doch unverkennbar, dass Sie unterschiedlich denken – heute und wohl auch in den kommenden Jahren. Herr Schäuble ist für Budget-Disziplin, er hat einen Überschuss und sagt: »Ja, aber wir werden das für die Flüchtlinge ausgeben, und dann habe ich kein Geld mehr«, das heißt, er ist sehr diszipliniert. Und Frankreich hat beschlossen, nächstes Jahr die Steuern zu senken. Ich sehe da einen Unterschied, sehen Sie das nicht so?

SCHÄUBLE: Wir stimmen ja völlig überein, dass es ganz entscheidend ist, die Dynamik in Europa zu stärken, und dass wir uns dabei nicht auf die Finanz- und Geldpolitik allein stützen können. Das wird nicht leicht sein, und es ist wichtig, dass die Bevölkerungen in den Mitgliedstaaten dies mittragen. Dazu braucht man in der Tat Hoffnung, das geht nicht allein durch Druck. Dazu gehört aber auch Vertrauen – und ein gewisses Maß an Glaubwürdigkeit. Wenn man Vereinbarungen trifft, gibt es immer welche, die sagen: »Wenn andere sich nicht an die Vereinbarungen halten, warum soll ich das dann tun?« Noch einmal: Das muss die Europäische Kommission entscheiden. Ich habe übrigens schon in der Zeit, in der Christine Lagarde französische Finanzministerin war, Frankreich dabei unterstützt, dass es mehr Zeit bekommt. Seit ich Finanzminister bin, habe ich mich immer dafür eingesetzt.

SAPIN: Nein, das tust du, seit die Sozialdemokraten wieder in der Regierung sind.

SCHÄUBLE: Ich habe immer mehr Zeit, mehr Flexibilität für Frankreich gefordert – oder habe dies zumindest unterstützt. Und ich hoffe, dass nun wirklich die Wende erreicht ist. Frankreich braucht mehr Wachstum, und es ist richtig, wenn es dafür Entscheidungen trifft, auch in der Steuerpolitik. Ich habe in Deutschland steuerpolitisch eine ganz andere Situation. Der Spielraum, den wir in der Steuerpolitik haben, tendiert gegen null – aus innenpolitischen Gründen. Wir können die Steuergesetzgebung nur mit Zustimmung des Bundesrates ändern. Und dieser hat immer wieder einstimmig erklärt, dass er einer Steuergesetzgebung, die die Einnahmen der Länder verringert, nicht zustimmen wird. Ich kann auch nicht Steuern umschichten und sagen: Wir senken Ertragsteuern und erhöhen Verbrauchsteuern, was für das Wachstum vielleicht ganz hilfreich wäre. Dann wird mir in unserer Koalition erklärt: »Wir haben doch verabredet, dass wir keinerlei isolierte Steuererhöhungen machen.« Und deswegen beneide ich Michel, dass er einen gewissen Spielraum für Steuerpolitik hat, um Wachstumsimpulse zu setzen.

Der entscheidende Punkt für uns wird sein, und das müssen Frankreich und Deutschland gemeinsam machen: Wir müssen wieder darüber sprechen, wie wir die Struktur der Währungsunion verbessern. Darüber werden wir in der Eurogruppe und im EU-Finanzministerrat beraten. Uns muss jetzt das gelingen, was bei der Gründung der Währungsunion nicht erreicht werden konnte.

III

Die Zukunft des Euro

SEUX: Als man den Euro erdacht hat, versprach man sich davon, dass sich die Völker in Europa, die Wirtschaften, die Sozial- und Steuersysteme einander annähern würden. Der Euro sollte eine zentripetale Kraft entwickeln. Nun ist der vorherrschende Eindruck, dass er sich als zentrifugale Kraft erwiesen hat, die zwei Kategorien von Ländern voneinander trennt: die im Norden, die davon profitiert haben, und die im Süden, die sich in der Krise befinden. Ist der Euro also ein halber Erfolg, oder ist er zur Hälfte gescheitert?

SCHÄUBLE: Meine Einschätzung ist, dass der Euro trotz aller Krisen ein Erfolg ist. Wir haben noch nicht erreicht, was wir uns vorgestellt haben, nämlich dass der Euro zwangsläufig eine stärkere Integration mit sich bringt, sozial, wirtschaftlich und politisch. Das war ja immer die Hoffnung. Aber man muss auch sehen: Bei keiner Etappe der europäischen Integration hat man gleich die perfekte Lösung am Anfang erreicht. Man beginnt mit einem Schritt, um eine Dynamik zu entwickeln, die zu weiteren Integrationsschritten führt. Damals war die Diskussion:

Fangen wir mit der Währungsunion an, oder müssen wir erst eine politische Union haben, um eine gemeinsame Währung einzuführen? Jetzt ist die Situation so, dass wir durch die Eurokrise und die unterschiedliche Entwicklung der Volkswirtschaften zum Teil sogar eine Auseinanderentwicklung sehen und dass der Euro die Zustimmung zum europäischen Einigungsprozess in vielen Mitgliedsländern eher erschwert.

Aber man darf dabei nicht unterschätzen, dass uns 2008 die Finanzkrise dazwischengekommen ist, die nicht durch den Euro verursacht wurde. Und wenn man sich die gegenwärtige Lage ansieht, muss man sich fragen, wie wir durch die Krise gekommen wären, wenn wir den Euro nicht gehabt hätten. Ohne den Euro, glaube ich, hätten wir eine viel stärkere Divergenz in Europa erlebt, insofern hat der Euro dabei geholfen, die Auswirkungen der Finanzkrise für Europa erträglich zu machen. Das eigentliche Problem ist doch, dass sich Europa in der Globalisierung behaupten muss. Das ist die große Herausforderung für Europa, die in der Eurokrise noch deutlicher geworden ist. Und deswegen bin ich davon überzeugt: Als Währung hat sich der Euro bewährt. Wirtschaftlich sind wir auf dem richtigen Weg, und jetzt müssen wir weiter daran arbeiten, den Euro zu stärken. Wir müssen das nachholen, was uns in der Tat seit der Einführung des Euro politisch und sozial noch nicht gelungen ist.

SEUX: Damit sagen Sie also: Mit dem Euro ist es besser als ohne.

SCHÄUBLE: Ohne den Euro wären die Auswirkungen der Finanz- und Wirtschaftskrise in einzelnen Teilen Europas noch viel stärker gewesen.

SEUX: Großbritannien geht es ohne den Euro doch recht gut!

SCHÄUBLE: Ja, aber die Frage ist doch, ob die Schwächeren in Europa nicht noch stärker abgehängt würden? Großbritannien war immer eine relativ leistungsfähige Volkswirtschaft. Im Übrigen hat sich Deutschland in der Finanzkrise nicht schlechter behauptet als Großbritannien – und wir haben den Euro.

WICKERT: Aber profitiert Deutschland nicht in ganz besonderem Maße vom Euro?

SCHÄUBLE: Deswegen müssen wir auch mehr tun als andere, um den Euroraum zusammenzuhalten. Das ist doch die Grundlage jeder Union, dass diejenigen, denen es gerade ein bisschen besser geht als anderen, auch zu mehr Solidarität bereit sein müssen. Sonst kann man das Wort »Solidarität« aus dem gemeinsamen Sprachschatz streichen.

SEUX: Früher war es den schwachen Länder möglich, abzuwerten, um die Kosten anzupassen. Würden Sie Frankreich auch zu den schwachen Ländern rechnen?

SCHÄUBLE: Nein, Frankreich gehört nicht zu den schwachen Ländern. Was hat Frankreich denn davon gehabt, dass es seine Währung abgewertet hat? Als ich jung war, war ein französischer Franc ungefähr so viel wert wie eine D-Mark. Dann hat man in Frankreich eine Währungsumstellung vollzogen. Es war eine ähnliche Entwicklung wie bei der italienischen Lira, und das ist alles andere als positiv. Daher gilt: Eine Volkswirtschaft, die sich in der Globalisierung behaupten will, darf sich nicht allzu sehr auf bequeme Auswege verlegen. Das geht eine Zeit lang gut, aber irgendwann scheitert man damit.

SEUX: Ist Deutschland im Grunde nicht das einzige Land, das vom Euro profitiert?

SCHÄUBLE: Nein, das sehe ich nicht so. Nehmen Sie die Länder, die durch den Euro-Rettungsschirm unterstützt wurden. Die Programmländer sind allesamt nicht durch den Euro in Schwierigkeiten gekommen. Sie sind es, obwohl sie Mitglied im Euro waren, und die Stabilisierungsprogramme haben ihnen geholfen. Natürlich sind Reformanstrengungen nie populär. Daher ist die Versuchung groß, zu sagen, wenn man es nicht machen würde, wäre es für einen leichter. Sehen Sie sich Italien an, ein starkes, kreatives, innovationsfähiges Land. Aber trotz seiner großen Stärken hat es Italien über Jahrzehnte hinweg nicht geschafft, seine fundamentalen Probleme zu lösen. Vor zehn Jahren war die Lombardei eine der stärksten Wirtschaftsregionen in Europa, davon kann man heute leider nicht mehr sprechen. Das zeigt, dass man um Reformen nicht herumkommt, sonst werden andere die eigenen Marktanteile übernehmen. Ich glaube, dass Ministerpräsident Renzi das sehr gut weiß und er viel bessere Chancen hat,

Reformen umzusetzen, als die lange Reihe seiner Vorgänger. Wenn wir nicht aufpassen, wird Europa in der globalisierten Wirtschaft immer mehr an Bedeutung verlieren, und die Entwicklung der Digitalökonomie kann diesen Prozess noch beschleunigen. Deswegen müssen wir uns alle anstrengen. Auch Deutschland ist lange nicht in einer so starken Position, wie manche gelegentlich glauben. Und wir haben alle ein Interesse daran, dass wir stärker werden.

SEUX: Monsieur Sapin, glauben Sie auch, dass Frankreich mit dem Euro besser fährt als ohne? Und teilen Sie die Diagnose von Herrn Schäuble, dass der Euro nur dann funktioniert, wenn wir im Innern Reformen durchführen?

SAPIN: Zunächst ein Wort zu Deutschland. Die Tatsache, dass Deutschland – trotz einiger Schwächen – stark ist, liegt ja nicht am Euro. Deutschland war schon zu Zeiten der Mark stark, und es ist stark mit dem Euro, weil es eine Reihe von Qualitäten und vor allem Anpassungsfähigkeit besitzt: Deutschland stellt sich schnell auf sich verändernde Situationen ein, auf die globale Entwicklung, die Entwicklung der Märkte. Deshalb war das Land vor dem Euro stark und ist es auch mit ihm. Es gab einen Moment der Schwäche, und möglicherweise war es historisch gar nicht möglich, dem zu entkommen, das war die Wiedervereinigung und deren Finanzierung. Wenn Deutschland ein anderes Land wäre, hätte es in diesem Augenblick möglicherweise mit Abwertung reagiert. Es hat auf Abwertung verzichtet und hat stattdessen – früher als andere und früher als wir – mit Veränderungen und Reformen reagiert, was dazu geführt hat, dass es in der Folge von der Gesamtheit der Maßnahmen profitieren konnte.

Nun zu der Frage: Ist der Euro halb gescheitert oder halb gelungen ...

Seux: Ein Teil der Franzosen hält das Scheitern für komplett.

Sapin: Aber kaum einer von denen will den Euro aufgeben. Das beweist doch, dass sie glauben, der Euro bringt ihnen etwas, und sei es nur, von einem Land ins andere zu reisen und mit ein und derselben Währung zu bezahlen.

Seux: Der Front National, der inzwischen 30 Prozent der Wählerstimmen erhält, fordert den Austritt aus dem Euro ...

Sapin: Der Front National ist damit nur das Gegenstück einer Reihe extremistischer Parteien in anderen Ländern, die ihren Nationalismus auf die Währung projizieren.

Ich komme auf die Entstehung des Euro zurück. Die Einführung des Euro hat zwei Aspekte. Den Regierenden – du hattest Giscard d'Estaing und Helmut Schmidt erwähnt – war seit langem klar, dass ein einheitlicher Markt einer einheitlichen Währung bedurfte. Das hat dann zum europäischen Währungssystem, zur Währungsschlange und zu einer historischen Entwicklung geführt, die uns die Einheitswährung gebracht hat. Doch der Beschleuniger auf dem Weg zur Einheitswährung war nicht ökonomischer Art, sondern politisch bedingt. Es ist ja kein Zufall, dass das in den Jahren 1991/92 beschlossen wurde, das heißt nicht nur kurz nach der Wiedervereinigung Deutschlands, sondern nach dem Fall des Eisernen Vorhangs. Plötzlich stellten wir uns die Frage: Was macht die Anziehungskraft Europas für diesen Teil des Kontinents aus, der die Sowjetunion verlassen hat, um in eine Welt einzutreten, die ihm unbekannt war.

Da kam dann die Entscheidung von Helmut Kohl und François Mitterrand, die beide weniger ökonomisch dachten als ihre Vorgänger. Sie sagten, wir brauchen das Einheitsgeld, denn es ist die einzig mögliche politische Antwort auf die aktuelle Lage.

WICKERT: In Deutschland ist oft der Satz zu hören: Die Einführung des Euro ist der Preis, den Deutschland für die Wiedervereinigung zahlen musste.

SAPIN: So könnte man es auch sehen.

SEUX: Halten Sie das für richtig?

SAPIN: Ich denke, Deutschland hat mit dem Euro weder gewonnen noch verloren. Deutschland hat eine starke Wirtschaft – egal ob mit einer nationalen oder einer europäischen Währung. Für Mitterrand war klar: Es ging um eine politische Antwort auf eine neue politische Situation. Zu diesem Zeitpunkt der europäischen Geschichte würde sich Deutschland ohne eine einheitliche Währung Fragen über seine Zukunft und seine Entwicklung in diesem vereinten Europa stellen – und das wiederum würde Frankreich und Europa beunruhigen. Die europäische Antwort darauf war die Einheitswährung.

WICKERT: Das heißt, für Mitterrand war es sehr wichtig, Deutschland in die europäischen Institutionen einzubinden.

SAPIN: Das war die Sichtweise von Mitterrand, und wenn ich dies so formuliere, kann das als eine Kritik an Deutschland verstanden werden, vor dem man sich hätte fürchten müssen. Ich denke aber, auch auf deutscher Seite hat es solche Überlegungen gegeben. Deutschland selbst wollte sich in Europa verankern.

WICKERT: Ich erinnere mich sehr genau, ich war damals ja Korrespondent in Paris, dass man sich sowohl in der französischen Öffentlichkeit als auch unter Politikern fragte: Was wird geschehen? Alain Minc sagte: »Deutschland wird sich die Atombombe zulegen!«

SAPIN: Nun, Alain Minc hat sich oft geirrt. Auch heute noch.

WICKERT: Giscard d'Estaing sagte zum Beispiel, Deutschland wisse nicht, in welche Richtung es gehe. Niemand wusste es, und es gab Befürchtungen. Ich erinnere mich sehr gut, dass Mitterrand und Kohl die Frage der Ostgrenze Deutschlands erörterten. Kohl wollte das nicht akzeptieren, und Mitterrand sagte: »Es muss sein.« So einigte man sich auf den Zwei-plus-Vier-Prozess, und unmittelbar nach der Wiedervereinigung begann dann der Prozess, der zum Vertrag von Maastricht führte.

Sapin: Ich wiederhole es: Ich sage nicht, dass der Euro vor dem Hintergrund des Argwohns gegenüber Deutschland eingeführt wurde. Die Einführung des Euro war ein wirtschaftlich verantwortungsbewusstes und kluges Unternehmen. Aber politisch war es die Antwort auf die Frage, die sich alle intelligenten Leute und Politiker stellten: Was wird aus diesem Europa unter diesen völlig neuen Bedingungen nach dem Fall des Eisernen Vorhangs.

Seux: Die besonderen Umstände bei der Geburt des Euro erklären vielleicht, dass fünfzehn Jahre danach die Bilanz gemischt ausfällt?

Sapin: Der Euro ist eine technische Antwort auf eine politische Frage. Der Euro ist eine Währung, die in hohem Maße Ausdruck eines politischen Willens ist. Und von dieser Dualität ist die ganze Geschichte des Euro geprägt.

Eine weitere Schwierigkeit liegt darin, dass der Vertrag von Maastricht eine Wirtschafts- und Währungsunion vorsah, die allerdings lediglich eine monetäre geblieben ist. Das kam daher, dass wir uns vor allem mit der technischen Seite der Währung befasst haben, indem wir eine unabhängige europäische Zentralbank schufen. Die Europäische Zentralbank war das einzige große politische Thema, das zwischen Deutschland und Frankreich erörtert wurde.

Sind wir nun mit dem Plan einer gemeinsamen Währung gescheitert? Nein, im Gegenteil, wir waren damit weitgehend erfolgreich. Nach der Überwindung der Krise 1993/94 bis 2007/2008 war der Euro ein außerordentlich wirksames Entwicklungsinstrument. Es erlaubte den Ländern sehr niedrige Zinssätze, das heißt, es erlaubte Europa, sich zu entwickeln. Dann brach die Finanzkrise über die Welt herein, und es stellt sich die Frage: Was wäre aus einer Reihe von Ländern geworden, wenn es den Euro nicht gegeben hätte? Ich glaube, dass er uns einen gewissen Schutz bot. All das ist ein wenig in Vergessenheit geraten. Wir haben die verheerenden Auswirkungen dieser Finanzkrise, der schlimmsten seit 1929, schon wieder vergessen. Aber wir haben gesehen, dass die Auswirkungen in Europa nicht die gleichen waren. Der Euro hat uns davor geschützt. So gesehen ist der Euro ein großer Erfolg. Griechenland mag alle Schwierigkeiten der Welt gehabt, alle Sparmaßnahmen der Welt erlebt haben, aber es hält am Euro fest.

Wenn man von einem halben Scheitern sprechen will, dann insofern, dass die Wirtschaftsunion noch aussteht. Wir waren so glücklich über den Erfolg der Währungsunion, so glücklich über die jahrelang anhaltenden positiven Auswirkungen, dass sich die Beteiligten aus dem Gefühl heraus, dass das genügen könnte, aus einer gewissen Trägheit heraus, gar keine Gedanken mehr über die Bedeutung und den Inhalt der Wirtschaftsunion gemacht haben. Hier hat die Finanzkrise ein Problem zutage gefördert: Denn im Schatten dieser Währung, die fast zu erfolgreich war, haben sich mit der Zeit zwischen den Ländern Ungleichgewichte herausgebildet – auf wirtschaftlicher Ebene und im Bereich der Wettbewerbsfähigkeit –, derartige Ungleichgewichte, dass sie sich nicht mehr mit der Währung allein bändigen lassen. Unter Druck wurden dann seit 2010 einige Maßnahmen eingeführt, aber damit wurde noch nicht die Säule der Wirtschaftsunion errichtet.

SEUX: Wie lässt sich aber nun wirtschaftlich die Tatsache erklären, dass die Eurozone heute weltweit der Raum mit der schwächsten Wachstumsrate ist?

SAPIN: Eine ganz einfache Antwort darauf könnte sein, dass Europa stärker entwickelt war als andere Regionen und es diese außergewöhnlich hohen Wachstumsraten nicht endlos erzielen konnte, das gelingt keiner Wirtschaft. Und der zweite Grund ist, dass die Finanzkrise uns dazu gezwungen hat, die Haushaltsdefizite und die öffentliche Verschuldung in den Griff zu bekommen. Das hat unseren Wirtschaften Zügel angelegt, aber es war notwendig.

SEUX: Großbritannien und die USA profitierten in den letzten Jahren von einem schnelleren Wachstum. Sie sagen nun, dass die Schwierigkeiten in gewisser Weise der Preis sind, der für die Einführung des Euro zu zahlen ist, der Euro aber mittel- und langfristig eine positive Sache ist.

SAPIN: Nein. Die Beherrschung der öffentlichen Finanzen und die tiefgreifenden Reformen sind nicht der Preis, den wir für den Euro zu zahlen haben, sondern der, den wir nachträglich dafür zahlen müssen, dass wir nicht von Anfang an die Wirtschaftsunion eingeführt haben. Deshalb ist es jetzt unabdingbar, auf diesem Gebiet voranzugehen.

WICKERT: Herr Schäuble, sind Sie mit dieser Sicht einverstanden? Deutschland hat ja diesen Kurs der Austerität wesentlich vorangetrieben, und es geht Deutschland sehr gut dabei.

SCHÄUBLE: Ich glaube, Michel und ich sind hier nicht sehr weit auseinander. Das Wort »Austerität« hat in der deutschen Sprache einen ganz anderen Klang als in der französischen oder auch in der englischen Sprachwelt. Aber niemand bestreitet, dass man seine Haushalte in Ordnung bringen muss und dass ein dauerhaftes Übermaß an Verschuldung und Defiziten ein Ausdruck der Tatsache ist, dass man die notwendigen Entscheidungen, die sich aufgrund der Globalisierung stellen, nicht treffen will oder kann. Man muss, wenn man die Wachstumsraten in den USA und Großbritannien mit denen in Europa vergleicht, auch berücksichtigen, dass Kontinentaleuropa ein ganz anderes Sozialmodell hat als alle anderen entwickelten Industrien der Welt. Der Anteil am Bruttoinlandsprodukt, den wir in Kontinentaleuropa für soziale Zwecke ausgeben, liegt ungefähr doppelt so hoch wie in Großbritannien, den Vereinigten Staaten von Amerika oder Kanada. Wir Kontinentaleuropäer wollen ein solches angelsächsisches Sozialmodell nicht, und das aus gutem Grund. Wenn man dies berücksichtigt, ist es eigentlich nicht überraschend, dass der Euroraum mit seiner spezifischen Anfälligkeit von der Finanzkrise stärker betroffen war und keine höheren Wachstumsraten hervorbringt. Wir können in Europa auch keine Wachstumsraten erwarten, wie sie die Emerging Economies oder die Entwicklungsländer brauchen. Im Übrigen: In der amerikanischen Wirtschaftsentwicklung gab es in den letzten zehn, fünfzehn Jahren ein ständiges Auf und Ab. Und auch im Falle von Großbritannien sollte man etwas genauer hinschauen. Die Art, wie Großbritannien deindustrialisiert worden ist und seine Ökonomie auf den Finanzdienstleistungsplatz London ausgerichtet hat, ist auch kein tragfähiges Modell für Europa insgesamt.

SEUX: Sie beide haben betont, dass es Zeit sei, die zweite Säule des Euro, die Wirtschaftsunion, zu errichten. In den letzten Jahren ist man damit aber nur in Millimeterschritten vorangekommen. Was, würden Sie sagen, bedeutet überhaupt eine Wirtschaftsunion?

SAPIN: Wie hätte die Wirtschaftsunion denn ursprünglich aussehen sollen? Was die Währungsunion ist, das wusste man genau, sie wurde genau beschrieben und entsprechend umgesetzt. Die Wirtschaftsunion wurde nur angedeutet, umrissen, ohne Inhalt. Was wäre also die Wirtschaftsunion? Was wäre – ganz unabhängig von der tatsächlichen Veränderung der Politik, die komplizierter sein kann – idealerweise anzustreben? Da ist zunächst die Frage des Haushalts, denn die Länder können nicht alle dieselbe Währung haben und zugleich stark voneinander abweichende Staatshaushalte, es sei denn, es werden – so wie innerhalb eines Landes und dessen Haushalt – die Mittelzuweisungen umgeschichtet. Genau das müsste nämlich unter den Ländern sonst geschehen. Was ist also zu tun, um die Unterschiede in der Haushaltspolitik abzubauen? Das ist doch die Frage, die sich uns stellte, als die öffentlichen Finanzen in die Krise gerieten und die öffentliche Verschuldung sehr hoch war. Als François Hollande 2012 zum Präsidenten der Republik gewählt wurde, betrug das Defizit in Frankreich 5 bis 6 Prozent, während in Deutschland das Haushaltsdefizit gegen Null tendierte und auch noch weiter reduziert wurde. Für Frankreich war es also ein weiter Weg, um auf Null zu kommen, und das Gleiche galt für viele andere Länder.

Der zweite Punkt betrifft das Bankensystem. Eine Regelung des Bankenschutzes ist unbedingt notwendig, und sie sollte auf dem gesamten europäischen Territorium so einheitlich wie nur möglich sein; ein funktionierender Organismus der Bankenaufsicht ist unumgänglich. Aber das beinhaltet gleichermaßen ein nicht zu unterschätzendes Risiko, diese beiden Seiten sind untrennbar miteinander verbunden.

Eine weitere wichtige Frage ist die des Steuersystems: Sind grundverschiedene Steuersysteme überhaupt vertretbar? Die Antwort darauf lautet Nein. Kann es Unterschiede in den Steuersystemen geben? Sehr wohl! Die Steuersysteme können je nach Land variieren, aber es muss einen gemeinsamen fiskalischen Sockel geben. Man muss die größten Unterschiede aufheben, damit es zu einer Harmonisierung und am Ende vielleicht sogar zu einer Vereinheitlichung kommt.

SEUX: Sollte es eine einheitliche Besteuerung der allgemeinen Einkünfte und Unternehmensgewinne geben, sollten die Sozialabgaben einheitlich geregelt werden?

SAPIN: Wir müssen die Besteuerung der Unternehmen harmonisieren und vor allem einheitliche Bemessungsgrundlagen schaffen. Wir werden die Debatte darüber noch in diesem Jahr auf europäischer Ebene führen. Das alles hängt sehr stark mit dem gegenwärtigen Kampf gegen die Steueroptimierung und der Erosion der Steuereinnahmen zusammen. Das heißt, es geht um jene Unternehmen, die sich der Besteuerung zu entziehen versuchen. Wir müssen in Europa dahin kommen, dass alle Einkünfte einer effektiven Mindestbesteuerung unterliegen. Wir müssen, was die Steuern betrifft, einen gemeinsamen Mindestsockel haben. Das ist ein ganz wesentlicher Faktor für den großen Binnenmarkt, den die Europäische Gemeinschaft darstellt, und für die Eurozone. Es ist auch eine politische Frage: Wie können wir von unseren Mitbürgern verlangen, dass sie diesem oder jenem Land zu Hilfe kommen, und gleichzeitig ein freies Spiel des Wettbewerbs ohne jegliche Schranken zulassen? Und schlussendlich – das ist das Schwierigste – geht es um das, was die Wettbewerbsfähigkeit eines Unternehmens und eines Landes ausmacht: Flexibilität, Anpassungsfähigkeit, Innovationskraft, Forschung, Investitionen. Da kann es erhebliche Unterschiede zwischen den einzelnen Ländern geben, und so war es ja auch bisher. Unsere Aufgabe ist es, strukturpolitische Programme durchzusetzen, die zwar in den einzelnen Ländern nicht vergleichbar sein müssen, die aber den Ländern eine möglichst ähnliche Entwicklung und Wettbewerbsfähigkeit ermöglichen. Das also wäre die Wirtschaftsunion!

Mir scheint es so, dass der Europäischen Union ein wirtschaftliches Konzept fehlt. Wir müssen dafür sorgen, dass alle Unternehmen sich im Wettbewerb auf einer Stufe befinden; aber wir müssen auch darauf achten, die Interessen der europäischen Unternehmen zu verteidigen. Diesem Aspekt wird heutzutage in meinen Augen zu wenig Beachtung geschenkt.

Haben wir all dies tatsächlich getan? Die Antwort ist Nein. Haben wir die Absicht, die nötigen Dinge zu tun? Die Antwort darauf ist Ja. Ist der jetzige Zeitpunkt günstig dafür? Das Zögern und die Widersprüche sind nicht zu übersehen.

WICKERT: Was halten Sie von der Idee, die Wolfgang Schäuble einmal vorgebracht hat, eine Art europäischen Finanzminister einzuführen, der Hauhaltsvorlagen prüft und darüber befindet, was möglich ist und was nicht?

SAPIN: Wenn wir diese wirtschaftspolitischen Maßnahmen umsetzen wollen, dann halte ich es für unabdingbar, dass es – ich verwende einen etwas vagen Begriff – auf europäischer Ebene Institutionen gibt, die die Umsetzung dieser wirtschaftlichen Maßnahmen in jedem einzelnen Land sicherstellen. Danach stellt sich die Frage, welche Institution die beste Gewähr dafür bietet. Soll man das intergouvernementale, das heißt das zwischenstaatliche Element stärken? Aus dieser Richtung kommt die Idee eines Finanzministers, der der Eurogruppe vorsitzt, der aber aus der Gruppe der Finanzminister der Länder hervorgeht, wie es heute beispielsweise einen Präsidenten der Eurogruppe gibt, der allerdings andere Vollmachten hat. Oder soll man die gemeinschaftliche Ebene stärken, also das EU-Parlament und die Kommission, und sie mit mehr Vollmachten und Möglichkeiten ausstatten, einschließlich derer, Sanktionen zu verhängen. Dann gibt es noch eine dritte Idee, die derzeit oft vorgebracht wird und etwas ganz anderes im Auge hat, nämlich unabhängige Behörden, die in der Lage sind, ein von der Intergouvernementalität, von der Kommission unabhängiges Urteil über den einen oder anderen Haushalt abzugeben.

Seux: Welchen Weg würden Sie wählen?

Sapin: Frankreich hat sich noch nicht entschieden. Was mich persönlich betrifft, halte ich es für unumgänglich, dass es eine Art Finanzminister der Eurozone gibt, sei es nun in einem zwischenstaatlichen oder in einem eher föderalen Rahmen. Aber er muss seine Aufgabe politisch verstehen; wir brauchen eine Anwendung der Regeln, die nicht einfach nur mechanisch erfolgt, es muss bei diesen Dingen eine politische Herangehensweise geben.

Seux: Wird Frankreich seine Vorschläge oder Erwartungen noch vor 2017 äußern oder nicht?

Sapin: Ich hoffe es.

Wickert: Wird Frankreich bereit sein, noch ein wenig mehr von seiner Souveränität aufzugeben?

Sapin: Es versteht sich von selbst: Sobald die Länder ihre Politik europäisch ausrichten, geben sie etwas von ihrer Souveränität auf – aber ich würde lieber einen weniger negativen Ausdruck vorziehen. So hieß es ja damals auch bei der Einführung der Einheitswährung: »Damit geben wir unsere Souveränität auf!« Ich war damals Finanzminister und erklärte: »Das ist keine Aufgabe von Souveränität, es ist eine Art, Souveränität zurückzugewinnen.« Denn wenn man glaubt, eine schwierige Angelegenheit allein und souverän handhaben zu können, diese sich aber zu mehreren besser meistern lässt, dann gibt man scheinbar etwas von seiner Souveränität ab, gewinnt aber zugleich gemeinsam eine echte Souveränität zurück.

WICKERT: Eine schöne Sache!

SAPIN: Wir müssen es versuchen, aber den politisch günstigen Zeitpunkt zu finden, ist sehr schwierig. Wir müssen versuchen, die Bevölkerung unserer Länder daran teilhaben zu lassen – und das in einer Zeit, wo sie mit zahlreichen wirtschaftlichen und sozialen Schwierigkeiten, mit Problemen der Identität und der Migration konfrontiert sind.

SCHÄUBLE: Man muss sich darüber im Klaren sein, dass man die europäische Integration nur voranbringt, wenn man die Bevölkerung dafür gewinnt. Und deswegen ist der Gesichtspunkt wichtig, dass eine Debatte über die Abgabe von Souveränität möglicherweise die falsche Überschrift trägt. Denn wir können ja über Europa nicht einfach am grünen Tisch entscheiden. In der praktischen Politik versucht man gerne, insbesondere bei der Währungsunion, diesen Punkt zu umschiffen, indem man sagt, wir betreiben im Euroraum irgendetwas, das sich zwischen kommunitärer und intergouvernementaler Politik bewegt. Aber in Wahrheit geht es doch genau um diesen Punkt. Tatsächlich haben wir in der Finanzpolitik heute weniger Integration als in Teilen der Wirtschaftspolitik. Im gemeinsamen Markt gibt es keine nationalen Zuständigkeiten mehr. Das Wettbewerbsrecht ist europäisch, und Verfahren darüber werden vor dem Europäischen Gerichtshof ausgetragen.

Wenn es aber um das Bezahlen geht, ist die Zurückhaltung in den nationalen Bevölkerungen sehr viel stärker. Deswegen würde ich, bevor wir uns an dieser Frage zu sehr festhalten, noch einmal auf die Wirtschaftsunion zurückkommen wollen. Was benötigt denn eine wachstumsfähige Wirtschaft von der Politik? Ein vernünftiges Steuersystem, an dem wir ja arbeiten, wobei eine vollständige Vereinheitlichung der Unternehmensbesteuerung recht schwierig ist. Dazu kommt eine leistungsfähige Infrastruktur. Dabei sind wir, was das Straßen- und Schienennetz anbetrifft, einigermaßen erfolgreich. Im Flugverkehr dagegen sind wir nicht erfolgreich, weil es uns nicht gelungen ist, die Luftverkehrskontrolle zu europäisieren, was dazu führt, dass der Flugverkehr in Europa sehr viel teurer ist, weil man ständig Umleitungen fliegen muss. In der Energiepolitik sind wir weit hinter dem zurück, was eine erfolgreiche Wirtschaftsunion erfordert. Und in der Digitalindustrie leiden wir unter anderem daran, dass wir 28 verschiedene nationale Regulierungen haben. Damit kann man kein leistungsfähiger Player in der globalen Wirtschaft werden. Deswegen müssen wir, wenn wir die Wirtschaftsunion stärken wollen, an diesen Voraussetzungen entscheidend arbeiten, um Europa leistungsfähiger und wettbewerbsfähiger zu machen.

Das heißt, dass man in den europäischen Institutionen auch bereit sein muss, das Problem der bürokratischen Überregulierung zu erkennen. Wenn es um Verbraucher- und Umweltschutz geht, ist das Europäische Parlament und auch die Europäische Kommission nicht sehr hilfreich dabei, die europäische Wirtschaft wachstumsfähiger zu machen. Wir dürfen im Hinblick auf das ungenügende Wachstum in Europa nicht nur auf die Finanzpolitik schauen, es versperrt uns den Blick für die eigentlichen Herausforderungen. Die müssen wir angehen, wenn wir die Wachstumsfähigkeit in allen Teilen Europas verstärken wollen.

SEUX: Herr Schäuble, könnten Sie sich etwas genauer zu den künftigen Institutionen, wie Sie sie wünschen, äußern?

SCHÄUBLE: Wenn man sich die Konstruktion der europäischen Institutionen ansieht, wie wir sie heute haben, geht es in der Finanzpolitik zunächst einmal darum, dass man die Regeln, die man sich gibt, also den Stabilitätspakt, auch einhält. Viele sind ja der Ansicht, dass der Stabilitätspakt einiges von seiner Kraft verloren hat, weil er zuerst von Frankreich und Deutschland nicht eingehalten worden ist.

Seit dem Lissabon-Vertrag hat die Europäische Kommission eine doppelte Rolle. Sie hat eine politische Führungsrolle und – das finde ich auch richtig –, sie ist in den Verträgen angelegt. Der Kommissionspräsident kommt aus der Mehrheitsfraktion des Europäischen Parlaments und wird von diesem mehrheitlich bestätigt, dadurch erhält er eine stärkere Legitimation. Zugleich aber ist die Kommission »Hüter der Verträge«, sie hat die Aufgabe, quasi wie ein Gericht, zu kontrollieren, ob bestimmte Dinge eingehalten werden oder nicht. Aber natürlich vergisst die Kommission bei der Wahrnehmung ihrer Funktion niemals, dass sie eine politische Führungsaufgabe hat. Nun haben wir die Debatte darum, ob die Regeln in Europa für große Mitgliedsländer anders angewendet werden als für kleine. Man mag das für richtig oder falsch halten, aber mir erscheint es sinnvoll, die Aufgabe der objektiven Überprüfung, ob bestimmte Zahlen eingehalten werden oder nicht, von der politischen Funktion zu trennen. Der europäische Wettbewerbskommissar entscheidet darüber, ob das europäische Wettbewerbsrecht eingehalten wird, er implementiert das Recht. Bei der Budgetkontrolle ist das nicht der Fall. Wenn wir uns aber in der Finanzpolitik, solange wir keine gemeinsame haben, darauf verlassen müssen, dass die Absprachen eingehalten werden, muss auch jemand das Recht haben, die Mitgliedstaaten gegebenenfalls zur Einhaltung zu zwingen. Deswegen habe ich gesagt: Diese Person – ob man sie nun Finanzminister nennt oder wie auch immer – muss das Recht haben, einen Haushalt, der von einem nationalen Parlament beschlossen wurde, zurückzuweisen oder zu blockieren, wenn er nicht den Richtlinien entspricht.

WICKERT: Aber wie kann er das machen? Welche Sanktionsmöglichkeiten kann er haben?

SCHÄUBLE: Nun, wir können ein europäisches Recht schaffen, dass ein solcher nicht den Regeln entsprechender Haushalt nicht in Kraft treten kann.

WICKERT: Da wird natürlich das betreffende Land sagen, wir haben das in unserem Parlament verabschiedet, und unser Parlament ist demokratisch gewählt.

SCHÄUBLE: Ja, natürlich. Aber darum geht es ja in dieser Debatte, von der wir gerade festgestellt haben, dass sie nicht einfach zu führen ist. Man kann keine gemeinsame

Union schaffen, wenn man nicht bereit ist, Entscheidungen für diese Union auf eine Ebene der Union zu übertragen.

SAPIN: Ich würde mich gerne dazu äußern. Darin besteht vielleicht ein Unterschied zwischen uns beiden. Ich glaube, eine Regel hat nur dann einen Wert und kann sich nur dann entwickeln und in der Wirklichkeit bestehen, wenn diese Wirklichkeit berücksichtigt wird. Die Realität ist ja keine Ampel, bei Rot bleiben wir alle stehen und bei Grün geht's weiter.

WICKERT: Das ist der Unterschied zwischen Deutschland und Frankreich: In Frankreich geht's auch bei Rot weiter, bei uns nicht.

SAPIN: Wir respektieren die rote Ampel. Rot ist Rot, da wird gehalten, bei Grün kann man weiterfahren, egal ob Stau oder nicht. Am hellichten Tag ebenso wie in der Nacht, die Regel ist immer dieselbe. Wer sie nicht beachtet, dem droht der Entzug des Führerscheins.

Aber was die Haushaltsregeln betrifft, sind diese auch kontextabhängig. Ich nehme ein Beispiel. 2002/2003 haben wir uns – damit meine ich unsere beiden Länder – den Haushaltsauflagen entzogen. Deutschland hat sich nachträglich korrigiert und sich später wieder an die Regeln gehalten, während wir die Nichteinhaltung gleichsam zum Präzedenzfall gemacht haben, um genauso weiterzumachen. Als 2008 die Finanzkrise kam, haben wir alle zusammen beschlossen, dass diese Regeln nicht mehr beachtet werden müssen, weil sie im gegebenen Zusammenhang nicht anwendbar waren. Wir sagten, wir machen zusätzliche Ausgaben. Wir alle haben die Wirtschaft angekurbelt, sogar auf internationaler Ebene. Es galt, unbedingt die Wirtschaft zu unterstützen; das war wichtiger als die Einhaltung der Regeln.

Ich glaube, wir hatten damals recht, so zu handeln. Danach haben einige vielleicht über die Stränge geschlagen und den Haushaltsausgaben nicht schnell genug wieder Zügel angelegt. Aber wer hatte recht? Die Politik, die Minister, die Regierungschefs, die es politisch für richtig befunden haben, die Regeln außer Kraft zu setzen! Deshalb bin ich der Ansicht, dass es sehr schwierig ist zu sagen, Regeln seien in jedem Fall zu respektieren, und dies wird durch einen Richter, eine unabhängige Behörde, gewährleistet. In diesem Punkt gibt es wohl einen Unterschied zwischen uns beiden.

SCHÄUBLE: In diesem Fall muss man jemandem die Autorität geben, darüber zu entscheiden. Ich bin ja ein Anhänger der kommunitären Methode, aber bis diese durchgesetzt ist, muss in den Mitgliedstaaten ein Mindestmaß an Vertrauen vorhanden sein, dass das, was man als Regel vereinbart, auch eingehalten wird. Im Übrigen: Es war immer vorgesehen, dass man die Regeln nicht unabhängig von der Weltlage sieht, sondern sie intelligent anwendet. Wir haben in der Krise richtig reagiert, indem wir hohe Defizite in Kauf genommen haben, um die Krise zu überwinden. Die Frage ist nur – ich wiederhole mich –, ob man immer hohe Defizite machen muss oder ob man die Defizite auch wieder abbauen will. Aber Frankreich macht es ja, und wir haben es auch getan.

Seux: Welchen zeitlichen Horizont sehen Sie für institutionelle Änderungen innerhalb der Eurozone?

Sapin: Dabei geht es um den Zeitplan für die Reform der Institutionen und die Übertragung nationaler Kompetenzen. In Frankreich stehen wir hier vor einem Problem, das Deutschland so nicht hat. Wir sind angesichts der wirtschaftlichen, sozialen und politischen Lage in Frankreich derzeit nicht in der Lage dazu, die Verträge zu ändern. Die Mehrheit der Franzosen hat zu Europa ein schwieriges Verhältnis: Europa ist derzeit ein Problem, Europa ist keine Lösung. Wenn wir den Franzosen jetzt vorschlagen würden, zur Überwindung der Probleme die Verträge zu ändern, um Kompetenzen übertragen zu können, dann würden wir die Zustimmung dazu nicht bekommen. Wir haben das bei der Abstimmung über den Vertrag von Lissabon 2005 erlebt, bei dem es sich ja um einen Vertrag handelte, der auch, obgleich sehr vorsichtig, die Übertragung bestimmter Kompetenzen erlaubte. Da gerieten wir in eine völlig verrückte Debatte, bei der sich die europäische Rechte ebenso wie die europäische Linke spaltete und es bei der Volksabstimmung schließlich zu einem Nein kam.

In eine solche Situation dürfen wir nicht noch einmal geraten. Das ist eine ganz konkrete, ganz pragmatische Sache. Uns ist klar, es muss zwei Etappen geben. Eine erste Etappe, um voranzukommen, und eine zweite, um darüber hinauszugehen. Zuallererst kommt es darauf an, dass wir uns darauf einigen, was wir, also Frankreich und Deutschland, gemeinsam wollen. In Frankreich wird es einfacher sein, voranzukommen, wenn es wirtschaftlich bergauf geht und die Arbeitslosigkeit zurückgegangen ist. Kurzum, die

Bevölkerung muss Europa gegenüber wieder zugeneigter sein. Ich sehe nicht, wie das vor 2017 der Fall sein könnte. Ich habe den Eindruck, Deutschland ist eher dazu bereit, den großen Sprung sofort zu wagen, aber wir sind jetzt noch nicht soweit.

SCHÄUBLE: Ja, aber das ist auch nichts Neues, das hat mit der Geschichte der europäischen Einigung zu tun, die mit dem Ende des Zweiten Weltkriegs begann. Die Unterschiede sind also verständlich. Aber man muss aufpassen, dass nicht auch in Deutschland der Anteil derer wächst, die nicht mehr Europa wollen, das ist im Augenblick eher die Gefahr. Also müssen wir den Weg gehen, dass wir erst einmal in unseren Ländern selbst die Probleme ein Stück weit lösen. Deutschland muss die Neigung bekämpfen, zu glauben, dass jede Innovation eine Bedrohung sei. Und Frankreich muss daran arbeiten – Michel hat es eindrucksvoll beschrieben –, die Fähigkeit der französischen Gesellschaft, sich an Veränderungen anzupassen, zu verstärken. Dabei geht es vor allem um die Frage der Dezentralisation, wie immer man das im Einzelnen nennt. Ich glaube, dass wir uns am ehesten kurzfristig vorwärtsbewegen können, wenn wir uns auf Felder wie die Digital- und Energie-Union konzentrieren und im Übrigen die Investitionen in Europa verstärken. Investitionen wohlgemerkt, die einen Mehrwert für Europa haben, wir dürfen nicht einfach nur Finanzmassen hin und her schieben.

SEUX: Wenn ich Ihnen so zuhöre, bin ich überrascht: Ich habe nicht den Eindruck, es auf der einen Seite mit einem Christdemokraten und auf der anderen mit einem Sozialisten zu tun zu haben. Für mich zeichnet sich kein bedeutender politischer Unterschied ab. Verkörpern Sie jeweils Ihr politisches Lager oder führt der Umgang mit europäischen Angelegenheiten dazu, dass Sie sich am Ende politisch ziemlich nahestehen?

SCHÄUBLE: Wir haben ja vorhin Großbritannien erwähnt. Die soziale Marktwirtschaft und damit auch die Politik meiner Partei ist in Großbritannien oft als eine Abart sozialdemokratischer Politik verstanden worden. Der frühere Präsident Tschechiens, Václav Klaus, hat immer großen Beifall bekommen, wenn er auf Parteitagen der konservativen Partei unter Margaret Thatcher auftrat und dort erklärte, er sei für Marktwirtschaft ohne einschränkende Attribute. Und wir haben unseren französischen Freunden stets zum Modell der sozialen Partnerschaft geraten – dass also Arbeitgeber und Gewerkschaften zwar unterschiedliche Interessen haben, aber zugleich eine gemeinsame Verantwortung. Es ist ein geeignetes Modell, um in dieser Zeit Reformen überhaupt mehrheitsfähig zu machen. Daher bin ich glücklich darüber, dass dieser soziale Dialog – wenn auch ein bisschen verspätet – nun in Frankreich stattfindet, und wir werben dafür, dass wir das auch auf europäischer Ebene angehen. Italien oder Spanien könnten einen solchen Dialog dringend gebrauchen. Denn wir werden in diesen gesellschaftlichen Prozessen unsere Demokratie mit ihren demokratischen Institutionen nicht alleine stabil halten können. Es muss uns gelingen, einen breiteren Konsens in unserer Gesellschaft zu ermöglichen. Und da wir beide nicht mehr die Jüngsten in der Politik sind, tendieren wir automatisch ein wenig zur politischen Mitte hin. Das ist nicht so schlecht.

WICKERT: Aber es funktioniert in Frankreich ja nicht wirklich. Schauen Sie sich die Proteste bei Air France an: Manager, die vor ihren aufgebrachten Mitarbeitern flüchten, das sind Bilder, die Sie bei uns sicherlich nicht sehen würden.

SCHÄUBLE: Na ja, die Franzosen lieben die Revolution. Die Deutschen waren für Revolutionen immer völlig ungeeignet.

WICKERT: Aber es gab hier doch die friedliche Revolution 1989.

SCHÄUBLE: Ja, zum ersten Mal in der Geschichte haben auch wir eine Revolution hinbekommen – oder besser: unsere Landsleute in der DDR. Aber das war ja etwas völlig anderes.

SEUX: Was meinen Sie: Haben Sie beide die gleichen Zielvorstellungen für die Eurozone?

SCHÄUBLE: Vielleicht nicht exakt die gleichen. Meine Vorstellung ist, dass wir in Europa zumindest für die Währungsunion möglichst bald europäische Institutionen haben, die einen Teil dessen, was heute nationale Institutionen wahrnehmen, für uns alle gemeinsam wahrnehmen – demokratisch legitimiert, aber nicht mehr unter der Regie der nationalen Regierungen. Und irgendwann werden die Deutschen lernen müssen, dass es notwendig ist, dass wir uns mit unseren französischen Freunden auf eine gemeinsame Energiepolitik einigen. Und dabei werden wir akzeptieren müssen, dass man auch anderer Meinung sein kann. Es ist ja nicht automatisch so, dass wir immer recht und die Franzosen unrecht haben.

SAPIN: Ich glaube, was das gemeinsame Ziel anbetrifft, gibt es keine Unterschiede zwischen uns. Aber ich würde sagen, es gibt unterschiedliche Ansichten darüber, wie dieses Ziel erreicht werden kann. Wolfgang sagt immer wieder, dass Europa und die Eurozone aus den verschiedenen Krisen, die wir durchlaufen, gestärkt hervorgehen würden. Ich bin davon ebenfalls überzeugt, aber unter der Bedingung, dass wir kurzfristig gute Entscheidungen treffen, um langfristig Erfolg zu haben. Das ist die Gefahr, die mich am meisten besorgt.

WICKERT: Kann oder muss es auf lange Sicht ein Europa der zwei Geschwindigkeiten geben? Wir haben ja schon die Situation, dass einige die gemeinsame Währung haben, und die anderen sind nicht dabei. In Großbritannien soll bald darüber abgestimmt werden, ob man in der EU bleiben oder sie verlassen soll. Ist es nicht möglich, zu sagen: Es gibt ein Kerneuropa mit denjenigen, die ein wenig schneller gehen als die anderen?

SAPIN: Meine Antwort ist Ja. Es liegt auf der Hand, dass wir, um voranzukommen, einen harten Kern brauchen, eine verstärkte Zusammenarbeit in diesem oder jenem Bereich. Wir haben es mit der Finanztransaktionssteuer versucht, warum also nicht auch in anderen Bereichen, warum nicht auch politische harte Kerne.

Im Grunde genommen denken Frankreich und Deutschland, dass sie beide notwendigerweise zu diesem harten Kern gehören, ja, dass sie beide diesen harten Kern verkörpern. Man kann sich nicht vorstellen, dass Europa mit Deutschland oder Frankreich auf der Gegenseite vorangeht. Das ist unmöglich.

Aber nicht alle Länder der EU denken zwangsläufig in der gleichen Weise. Ich glaube, dass die große Mehrheit – derjeniger, die Mitglied der Eurozone sind, aber auch die große Mehrheit der anderen Länder – sich darüber einig ist, dass es unterschiedliche Geschwindigkeiten geben kann, dass aber im Endeffekt das Ziel sein muss, innerhalb von einer oder zwei Generationen zusammen dieselbe Geschwindigkeit erreicht zu haben.

Großbritannien denkt da anders. Es sagt: Wir sind weder in der Eurozone von heute noch werden wir in der von morgen oder übermorgen sein, aber wir sind in der EU. Wie können wir damit leben? Hier stellt sich uns nun die sehr spezielle Frage: Wie gelingt es uns – denn das liegt im Interesse Europas –, Großbritannien in der EU zu halten, ohne dass das in irgendeiner Weise die Vertiefung der wirtschaftlichen Kooperation behindert, die wir unbedingt brauchen?

WICKERT: Was tun, wenn Großbritannien die EU verlässt?

Sapin: Wir müssen alles tun, um das zu verhindern, ohne jedoch die roten Linien zu überschreiten – ich meine unsere Werte und die großen europäischen Grundsätze.

Wickert: Was geben wir David Cameron, damit er sagen kann, er habe erfolgreich Reformen durchgeführt?

Sapin: Jede mögliche Vereinfachung, denn das ist im Interesse aller. Möglichst viel Demokratie, denn es liegt in unserem Interesse, dass unsere nationalen Parlamente bestmöglich informiert werden und stärker an der europäischen Debatte teilhaben. Aber wir müssen aufpassen, dass die britischen Forderungen nicht zu einer Verkomplizierung Europas führen. Ich glaube, dass dies eine sehr reale Gefahr ist. Zu viele Sonderregeln berauben Europa seiner Substanz. Aber ich denke, dass die Frage der Neuverhandlung letzen Endes in den Hintergrund treten wird. In Wahrheit steht Großbritannien vor einer grundsätzlichen Wahl hinsichtlich Europa, und sie sind Herr ihrer Entschlüsse.

Wickert: Das ist nicht viel.

Schäuble: Nun, wir werden am Ende auch eine Regelung für die monetäre und auch zunehmend fiskal-ökonomische Union finden müssen, die vereinbar ist mit einem einheitlichen Binnenmarkt, in dem auch Mitglieder sind, die nicht dieser Währungsunion angehören. Insofern werden wir eine unterschiedliche Intensität der Integration haben, solange Großbritanniens Entscheidung gilt, nicht der Europäischen Währungsunion beizutreten. Denn wenn die Mitgliedschaft in der Europäischen Union bedeutet, dass man auf lange Sicht Mitglied im Euro werden muss, dann wird Großbritannien Europa verlassen. Also müssen wir einen Weg finden, die Mitgliedschaft in der Europäischen Union ohne die Mitgliedschaft im Euroraum zu ermöglichen. Das kann aber nicht heißen, dass wir auf die im Euroraum notwendigen Verstärkungen verzichten, die wir brauchen, weil der Euroraum sonst nicht stabil sein wird.

WICKERT: Zum Thema Kerneuropa?

SCHÄUBLE: Das war meine Antwort darauf.

SEUX: Einverstanden. Eine kurze Frage: 19, ist das eine gute Zahl oder ist das zu viel?

SCHÄUBLE: Die Frage des Funktionierens der Währungsunion ist nicht eine Frage der Zahl. Es ist eine Frage des Willens und einiger nötiger Voraussetzungen, die geschaffen werden müssen. Wir brauchen in der Währungsunion gewiss auch Solidarität, denn wenn sich die Teilnehmer zu unterschiedlich entwickeln, wird die Union auseinandergehen. Auf der anderen Seite darf die Solidarität nicht dazu führen, dass die Antriebskräfte für die Mobilisierung der Gesellschaft geschwächt werden. Das ist ja das Grundproblem jeder politischen und ökonomischen Ordnung. Wir kennen das Problem des »Moral Hazard« ja auch auf nationaler Ebene. Warum etwa ist heute Nordrhein-Westfalen in Deutschland das Bundesland mit den größten Schwierigkeiten – wenn wir einmal von den Sonderproblemen der neuen Bundesländer absehen? Weil Nordrhein-Westfalen zu lange darauf vertraut hat, dass die Bedeutung der Stahl- und Kohleindustrie für ganz Deutschland so groß ist, dass irgendjemand für Nordrhein-Westfalen dieses Problem lösen wird. Baden-Württemberg war einst ein Land mit lauter Strukturproblemen in der Wirtschaft. Aber es wusste immer, dass es seine eigenen Probleme selbst lösen muss. Und mit dezentralen Lösungen, mit Innovationen, mit dem Mittelstand hat es das geschaffen, was Baden-Württemberg heute ausmacht. Auch Bayern war mit seiner einstigen Nähe zum Eisernen Vorhang über Jahrzehnte hinweg ein Land mit großen Problemen und Zahlungsempfänger im Länderfinanzausgleich. Und auch Bayern hat es mit einer konsequenten Politik, durch Innovation und Infrastrukturausbau geschafft, sich zu modernisieren – aus eigener Kraft. Aber Nordrhein-Westfalen hat nie den Anreiz verspürt, es entsprechend zu machen. Deswegen darf Solidarität in Europa nicht dazu führen, dass man es versäumt, die Probleme zu lösen, die jeder nur für sich lösen kann. Frankreich muss seine Strukturreformen machen, braucht dazu aber keine Ratschläge. Auch Italien muss seine Aufgaben lösen, die sich insbesondere im Süden stellen. Es kann nicht darauf hoffen, dass Großbritannien diese Probleme lösen wird.

SAPIN: Zur Frage 19 oder weniger: Im vergangenen Jahr waren es 18, davor 17, und davor 16. Die Eurozone ist dazu bestimmt, zu wachsen, nicht zu schrumpfen.

SEUX: Und auch in Zukunft noch zu wachsen?

Sapin: Wenn es Länder gibt, die beitreten wollen, und wenn sie die Regeln beachten, ja.

Wickert: Herr Schäuble, ich würde Ihnen gerne eine Frage stellen, die mit der EZB zu tun hat. Als die Frage der Europäischen Zentralbank anstand, gab es große Auseinandersetzungen zwischen Deutschland und Frankreich, weil die Banque de France abhängig gewesen ist von der Politik und die Bundesbank immer unabhängig war. Man hat dann, nach starken Auseinandersetzungen zwischen der deutschen und der französischen Regierung, eine unabhängige Europäische Zentralbank eingerichtet, wobei man aber heute den Eindruck hat, dass die Politik doch einen starken Einfluss auf die EZB hat. Ist mein Eindruck falsch?

Schäuble: Ich glaube, man muss einen Schritt zurückgehen. Wir haben heute weltweit eine Diskussion über die Aufgabe von Notenbanken. Und die EZB hat ein begrenzteres Mandat als alle anderen Notenbanken in der westlichen Welt. Darüber kann man geteilter Meinung sein …

Seux: Wachstum gehört nicht zu ihren Zielen.

Schäuble: Genauso ist es. Die EZB hat die Aufgabe der Geldwertstabilität, während etwa die Federal Reserve in den USA die Aufgabe hat, für Wirtschaftswachstum und Beschäftigung zu sorgen. Es gibt viele gute Argumente von guten Ökonomen, warum eine Notenbank sich nicht allein auf Geldwertstabilität konzentrieren sollte. Das Problem bei der EZB war und ist: Solange wir nur eine

Währungsunion, aber keine Fiskalunion haben, würde ein weitergehendes Mandat der EZB dazu nicht passen, sie könnte dann auch nicht politisch unabhängig sein. Die EZB ist unabhängiger als die Federal Reserve oder die Bank of England. Aber sie hat in der Eurokrise zwangsläufig eine Funktion übernommen, mit der sie ein Stück weit überfordert ist, worauf sie selbst auch immer wieder hinweist. Weil wir in Europa nicht in der Lage waren, politisch rechtzeitig zu handeln, musste die EZB reagieren und ist dabei an die Grenzen ihres Mandats gegangen.

WICKERT: Ist sie über die Grenzen ihres Mandats hinausgegangen?

SCHÄUBLE: Sie hat getan, was sie in dieser Situation tun musste.

SEUX: Monsieur Sapin, wie denken Sie darüber?

SAPIN: Die EZB ist so, wie sie im Vertrag von Maastricht konzipiert wurde. Dort ist festgelegt, was sie zu sein hat, und was im Übrigen für jede nationale Zentralbank in Europa gilt, denn jede Zentralbank ist innerhalb des von der EZB gekrönten Systems unabhängig. Darüber wird diskutiert, aber es ist meiner Meinung nach eine sehr theoretische Debatte, und zwar aus zwei Gründen.

Der erste ist, dass die EZB in der Praxis in sehr heiklen Momenten Entscheidungen getroffen hat, die ich für absolut richtig halte. Und dies, ohne dass es irgendwelcher Ratschläge bedurfte, es empfiehlt sich hier sogar, sich jeden Ratschlags zu enthalten. Die EZB hat also die richtigen Entscheidungen getroffen, sowohl während der Finanzkrise als auch in jüngerer Zeit, während der Krise in der Eurozone, als es darum ging, ein Inflationsniveau zu erreichen, das zugleich ein Wachstumsfaktor sein kann. Die Inflationsrate knapp unter zwei Prozent zu halten ist in gewisser Weise auch ein Weg, zusätzliches Wachstum zu erzielen, selbst wenn es nicht in erster Linie darum geht.

Zum zweiten hat die EZB recht, wenn sie betont, die Währungspolitik könne nicht alles leisten. Es lohnt sich nicht, von der EZB zu fordern, dass sie sich um Wachstum und Beschäftigung kümmert, das ist unsere Aufgabe. Wir Politiker haben das in unseren jeweiligen Ländern zu tun. Es nutzt gar nichts, die EZB infrage zu stellen, im Gegenteil, wir sollten dafür sorgen, dass die wirtschaftliche Säule der Wirtschafts- und Währungsunion errichtet wird.

SEUX: Zu wie viel Prozent – zu 50, 90 oder 100 Prozent – sind Sie beide denn überzeugt, dass es den Euro 2025 oder 2030 noch geben wird?

SAPIN: Vorsicht, Falle! Das steht dann für die Ewigkeit da.

SCHÄUBLE: Also, ich bin zu 100 Prozent überzeugt, dass es den Euro auch in zwanzig Jahren noch geben wird.

SEUX: Sie ebenso?

SAPIN: Die Antwort ist Ja, nicht nur aus Leidenschaft, sondern aus Überzeugung, und auch aus Realismus. Ich sehe nicht, dass sich einzelne Länder aus dieser Konstruktion zurückziehen könnten. Ich wüsste nicht, was das bringen sollte, auch politisch sähe ich darin keinen Sinn.

Seux: Vielleicht noch eine letzte Frage zu diesem Themenkomplex. Monsieur Sapin, was sagen Sie zu jener Gruppe von Menschen in Frankreich – die vom Front de Gauche bis zum Front National reicht –, die sagen: Die wirtschaftspolitischen Maßnahmen der letzten zwanzig Jahre, nicht nur die Einführung des Euro, sondern die Liberalisierung und die Aufhebung der Zollschranken haben dazu geführt, dass die Arbeitslosigkeit steigt. Was entgegnen Sie diesen Franzosen?

Sapin: Sie haben nichts begriffen, folglich muss man ihnen helfen, zu begreifen. Es gibt diejenigen, die die Angst der Leute ausnutzen, und diejenigen, die versuchen, darüber hinauszugehen.

Zuallererst haben wir unsere Sozialsysteme gesichert und deren solidarische Finanzierung. Das Gesundheitswesen hat sich in den letzten zwanzig Jahren tiefgreifend verändert. Die Versorgung heute ist besser als früher. In Frankreich fällt die Hälfte der Sozialausgaben auf die Krankenversicherung. Die Sozialausgaben wiederum machen die Hälfte der öffentlichen Ausgaben aus, das heißt 20 bis 25 Prozent der öffentlichen Ausgaben fallen auf die Krankenversicherung. Das ist sehr beachtlich. Und alle profitieren davon. Es ist das Prinzip der Solidarität, das dies möglich macht. Es gilt nicht das Prinzip »Jeder sorge für sich selbst«, die Menschen werden mit ihren Problemen nicht allein gelassen. Und dies wird gewährleistet durch die Aufrechterhaltung eines außerordentlich starken Solidarsystems. Für die umlagenfinanzierte Rente gilt genau dasselbe.

All jene, die Ängste schüren, haben nicht begriffen, dass wir heute nicht mehr in der Welt von vor zwanzig Jahren leben und dass Frankreich, wenn es sich innerhalb seiner Grenzen abschottet, zu einem Land wird, das seine Zukunft hinter sich hat. Die Gefahr besteht, dass wir eines Tages für unsere Kultur und unsere Architektur bewundert werden, und das war es dann. Wenn es am Boden liegen bleibt, wird Griechenland nur noch für Perikles, für seine Vergangenheit, bewundert werden.

Ich habe die Jahre 1981 bis 1983 in Frankreich erlebt. Ich war damals noch sehr jung. Damals konnte man sich noch für eine Wirtschaftspolitik entscheiden, die mit der bisherigen bricht, zum Beispiel durch Verstaatlichung. Aber wir leben nicht mehr in derselben Welt. Die Welt hat sich verändert, also muss sich auch Frankreich verändern. Wenn man uns irgendetwas vorwerfen kann, dann, dass versäumt wurde, eine Reihe von Reformen durchzuführen. Diese Reformen müssen wir heute in Angriff nehmen. Frankreich muss zu einem ausgeglichenen Haushalt zurückfinden, wir müssen das System der Sozialleistungen reformieren, um aus den roten Zahlen zu kommen, und darüber hinaus sind weitere tiefgreifendere Reformen notwendig.

SCHÄUBLE: Ich glaube das auch. Wohlstandsgesellschaften sind zu Veränderungen nur bereit, wenn sie das Gefühl haben, unter Druck zu sein. Deswegen sind Krisen Chancen. Die europäische Einigung war die Antwort auf zwei Weltkriege. Und dann hat man nach dem Ende des

Kalten Krieges geglaubt, ach ja, die Welt ist fein. Aber nun sehen wir, dass die Welt im 21. Jahrhundert nicht weniger gefährlich ist als die im 20. Jahrhundert. Und wir erkennen, dass wir in der Globalisierung überhaupt keine Alternative haben, als die europäischen Fähigkeiten zusammenzubringen. Das wird nicht einfach, aber Europa wird die Lösung sein. Dies gilt übrigens auch für die Außen- und Sicherheitspolitik.

IV

Platon lässt man nicht warten

WICKERT: Wenden wir uns nun dem Thema Griechenland zu. Gestatten Sie, dass ich kurz zurückblicke. Valéry
Giscard d'Estaing hat, als es um die Mitgliedschaft Griechenlands in der Europäischen Gemeinschaft ging, die berühmten Worte gesagt: »Platon lässt man nicht warten.«
Frankreich wollte damals den Beitritt, Deutschland aber
zögerte. Später hat Präsident Jacques Chirac darauf bestanden, dass das Wort »Euro« auch in griechischen Buch-
staben auf den Geldscheinen der gemeinsamen Währung
steht. Helmut Kohl und Theo Waigel waren dagegen, aber
Chirac ließ nicht locker, bis die deutsche Seite schließlich
nachgab. Was meinen Sie: War es klug von den Deutschen,
in den Beitritt Griechenlands einzuwilligen?

SCHÄUBLE: Den Beitritt Griechenlands zur Europäischen
Union oder zum Euroraum?

WICKERT: Beides.

SCHÄUBLE: Nun, den Beitritt Griechenlands zur Europäischen Gemeinschaft konnte und wollte niemand ablehnen.

Griechenland war eine Demokratie geworden, es ist unbestreitbar Teil Europas. Eine andere Frage ist, ob es 2001 reif für die Mitgliedschaft im Euro war.

SEUX: Waren Sie damals der Meinung, es sei ein Fehler, Griechenland in die Eurozone aufzunehmen?

SCHÄUBLE: Ich habe damals als Bundestagsabgeordneter dem Beitritt Griechenlands zum Euro meine Zustimmung gegeben. Wir hatten alle unsere Zweifel, aber wir glaubten: Es wird schon irgendwie gehen, so ein großes Land ist es ja auch nicht. Ich bin im Übrigen immer noch der Meinung, dass es geht. Nur erfordert es von Griechenland massive Anpassungsleistungen, und es scheint vom Beitritt zum Euro bis zum Ausbruch der Eurokrise nicht genügend daran gedacht zu haben, was es bedeutet, Mitglied im Euro zu sein. Man scheint die niedrigen Zinsen genossen und sich ansonsten nicht groß gekümmert zu haben. Aber die Welt hat sich weitergedreht.

SEUX: Monsieur Sapin, gab es damals in Frankreich eine Debatte darüber, ob Griechenland zunächst in die Europäische Gemeinschaft eintreten und dann der Eurozone beitreten solle?

SAPIN: Das sind zwei verschiedene Dinge, die allerdings auf die gleiche Weise behandelt wurden. Der Eintritt Griechenlands in die Europäische Gemeinschaft im Jahr 1981 war ein gewünschtes und gefeiertes Ereignis in Frankreich. Warum? Weil es die letzte Hilfestellung war, die man den demokratischen Kräften in Griechenland geben konnte, um gegen mögliche autoritäre Versuchungen in der Gesellschaft standzuhalten.

Genauso war auch die Aufnahme Rumäniens und Bulgariens in die EU eine politische Geste im Sinne der Zugehörigkeit – wenn man es so formulieren will – zum Westen. Zumindest bedeutete es ihren »Abschied vom Osten«.

Die grundsätzliche Frage stellte sich später mit der Einführung des Euro. Auch das war politisch begründet.

WICKERT: Der Euro wurde am 1. Januar 1999 als Buchgeld eingeführt. Im Jahr 2000 erklärte Griechenland, ebenfalls die Kriterien zu erfüllen, und trat am 1. Januar 2001 dem Euroraum bei. Ein Jahr später kamen dann die Euro-Banknoten und -Münzen in Umlauf.

SAPIN: Der Beitritt Griechenlands wurde als politische Geste behandelt, und das war gut so. Allerdings wäre es wünschenswert gewesen, dass die Griechen sofort Konsequenzen daraus gezogen und wirtschaftliche Reformen durchgeführt hätten, aber da tat sich nichts. Was dann während der Krise geschah, weiß Wolfgang viel besser als ich. Dann kamen ja auch erst die Statistiken, die die massiven Probleme Griechenlands zum Vorschein brachten. Die wirklichen Schwierigkeiten zeigten sich dann recht schnell.

WICKERT: Hätte man nicht viel früher reagieren können? Im November 2004 setzte die Ratingagentur Standard and Poor's die Bewertung Griechenlands herab als Folge einer niederschmetternden Analyse des Zustands der öffentlichen Finanzen des Landes. Interessant ist, dass Griechenland damals vom Know-how einer jungen griechisch-britischen Dame profitiert hat, die im Auftrag von Goldman Sachs arbeitete. So fand man einen sehr raffinierten Weg, die griechischen Schulden zu senken bzw. scheinbar zu senken. Besagte Dame wurde anschließend auch in Bercy beim französischen Finanzministerium vorstellig, um dem Chef des Französischen Schatzamtes das gleiche Instrument anzubieten. Frankreich hätte es also wissen müssen.

SAPIN: Frankreich hat dies selbstverständlich abgelehnt. Im Nachhinein kann man sagen, alle hätten es wissen können. Wir ahnten ja, dass die griechischen Statistiken falsch waren – um nicht ins Detail zu gehen. Wir können uns in diesem Punkt selbst Vorwürfe machen, aber die Verantwortung dafür trägt der betreffende Mitgliedstaat. Dieser muss eine unabhängige statistische Behörde einrichten, die mit ehrlichen Zahlen operiert und transparente Berechnungen vorlegt. Es sind die aufeinanderfolgenden griechischen Regierungen, die dafür verantwortlich sind.

SEUX: Es gab ein Treffen der Eurogruppe am 19. Oktober 2009, als deren Vorsitzender Jean-Claude Juncker Ihnen und Ihren Kollegen erklärte – der damalige griechische Finanzminister war Giorgos Papakonstantinou –, dass das griechische Haushaltsdefizit auf 13 Prozent des Bruttoinlandsprodukts in die Höhe geschossen ist. Die europäischen Finanzminister waren damals rasend vor Wut. Acht Tage später, am 28. Oktober, haben Sie Ihr Amt als Finanzminister angetreten.

SCHÄUBLE: Ja, zu dem Zeitpunkt war ich noch nicht Finanzminister. Ich habe, glaube ich, das erste Mal Ende November 2009 an einer Sitzung der Eurogruppe teilgenommen. Ende 2009 war klar, dass Griechenland in einer außergewöhnlich schwierigen Lage war. Es hatte ein hohes Defizit von annähernd 15 Prozent und ein ähnlich hohes Leistungsbilanzdefizit. Die Renditen der griechischen Staatsanleihen stiegen, und bis zum Frühjahr 2010 hatte sich die Lage so entwickelt, dass Griechenland sich an den Märkten nicht mehr finanzieren konnte. Es war ja die allgemeine Annahme bei der Gründung des Euroraums, dass die Märkte mit unterschiedlichen Zinsen reagieren würden, wenn die Finanzziffern der Mitgliedstaaten zu sehr differierten. Aber dieser Mechanismus funktionierte nicht. Erst infolge der Banken- und Finanzkrise sind die Märkte nervös geworden. Und dann haben sie überreagiert. Die »Spreads«, die Zinsunterschiede, schossen in die Höhe, die Renditen für zehnjährige Anleihen Griechenlands stiegen auf rund 12 Prozent, das bedeutete, Griechenland hatte keinen Zugang zu den Finanzmärkten mehr. Damit war schnell klar, dass wir Griechenland finanziell unterstützen mussten, um ihm wieder Zugang zu den Finanzmärkten zu verschaffen. Das waren zunächst bilaterale Kredite und im Anschluss daran ein erstes Hilfsprogramm unter Beteiligung des IWF. Es war mit Vereinbarungen verbunden, wie Griechenland die Ursachen seiner Schwierigkeiten bekämpfen konnte. Dieses Hilfsprogramm war in Deutschland nicht unumstritten, es ging um Kredite in Höhe von 110 Milliarden Euro. Der Bundestag beschloss dieses Programm Anfang Mai 2010, und eine Woche später begann die Debatte darüber, dass das alles nicht ausreiche, weil inzwischen auch Irland und Portugal unter den Druck der Märkte geraten waren. Also wurde der Europäische Rettungsfonds (EFSF) ins Leben gerufen. Und da waren wir bei einem Garantiarahmen von 780 Milliarden Euro, die nötig seien, um die Märkte zu beruhigen. Das war die Feuerkraft, die »Bazooka«, die zur Abschreckung dienen sollte.

Seux: Auf Druck von Barack Obama, der den Europäern – und besonders Ihnen und Angela Merkel – im Mai 2010 die Pistole auf die Brust gesetzt hat?

Schäuble: Unter dem Druck der Märkte und der Zentralbanken. Dabei ging es längst nicht mehr um Griechenland allein, sondern um die Stabilisierung des Euro insgesamt in dieser sich explosionsartig verstärkenden Krise.

Seux: Sagen Sie uns etwas über jene Sitzung der Eurogruppe in Luxemburg, als Sie begonnen haben, über ein sogenanntes Private Sector Involvement (PSI), also über einen Schuldenschnitt, zu sprechen? Der damalige Präsident der EZB, Jean-Claude Trichet, soll wütend die Sitzung verlassen haben.

Schäuble: Das war erst viel später, im Mai 2011. Zunächst einmal mussten wir ein zweites Griechenland-Programm auflegen, weil die ersten 110 Milliarden Euro nicht ausreichten. Die Frage war, welchen tragfähigen Weg es geben konnte – und da kam der Vorschlag des PSI auf. Insbesondere Trichet war vehement dagegen. Es würde alles zerstören, erklärte er, wir würden eine Krise erleben, die schlimmer sei als alles, was wir seit der Weltwirtschafts-krise 1929 erlebt hätten.

SEUX: Und war die Furcht nicht berechtigt?

SCHÄUBLE: Nein. Ich habe zu ihm gesagt, Jean-Claude, du vergisst, dass in der Zwischenzeit der Zweite Weltkrieg war. Die Welt hat sich verändert. Wir haben dann recht lange auf diesen Vorschlag gedrängt. Denn die Hilfspro-gramme waren in der Öffentlichkeit nicht einfach zu ver-mitteln: Die Gewinne haben die Banken gemacht, die Ver-luste sollten die Steuerzahler tragen. Deswegen haben wir schließlich nach langem Ringen – und da gab es in der Tat auch dieses von Ihnen erwähnte Treffen in Luxemburg – das PSI beschlossen. Daraufhin wurde der internationale Druck so hoch, dass zwei Tage später die Staats- und Re-gierungschefs der Euroländer öffentlich versprachen, es werde nie wieder einen Schuldenschnitt geben. Allerdings ist durch das PSI gar nichts passiert. All die Experten – von Trichet über den Internationalen Währungsfonds bis hin zum amerikanischen Finanzministerium –, die den Weltuntergang vorhergesagt hatten, behielten nicht recht.

SEUX: Die Märkte waren aber in einem schlimmen Zu-stand.

SCHÄUBLE: Aber keineswegs durch den PSI.

SEUX: War Angela Merkel in diesem Punkt Ihrer Mei-nung?

Schäuble: Ja. Angela Merkel wollte einen solchen Schritt natürlich nicht ohne den französischen Präsidenten gehen. Das ist immer ihre Position gewesen, und das ist auch die richtige Position für jeden deutschen Bundeskanzler. Also musste man damals Präsident Sarkozy dafür gewinnen. Dazu gab es ein Treffen im Kanzleramt mit der Kanzlerin, Präsident Sarkozy und mir. Dort erklärte Sarkozy, er könne so etwas nicht gegen den Widerstand des EZB-Chefs beschließen. Also kam auch noch Trichet aus Frankfurt nach Berlin. Gegen Mitternacht hat man sich schließlich darauf geeinigt, dass man das PSI machen könne. Auch bei einer Sitzung des Europäischen Rats wurde darüber beratschlagt – Angela Merkel und Präsident Sarkozy verhandelten darüber persönlich mit Josef Ackermann, der damals Vorsitzender des Internationalen Bankenverbands war. Sie haben dann ein PSI von 21 Prozent vereinbart. Als ich das hörte, sagte ich, das sei viel zu wenig, ein Schuldenschnitt von unter 50 Prozent ergebe keinen Sinn. 53,5 Prozent sind es schließlich geworden. Aber es wurde beschlossen, dass dies eine einmalige Aktion bleiben sollte.

Wickert: Es gab dieses Treffen im Kanzleramt, es gab ja dann aber im Oktober auch noch das Treffen in Frankfurt …

Schäuble: Es gab ständig Treffen. Es fand auch eines in Paris statt.

Wickert: Ich meine das Treffen mit Jean-Claude Juncker, der IWF-Direktorin Christine Lagarde, Jean-Claude Trichet und dessen Nachfolger als EZB-Chef Mario Draghi.

Da wollte Sarkozy mit dabei sein, obwohl seine Frau gerade im Krankenhaus war, um ihr Kind zu bekommen. Aber Sarkozy musste nach Frankfurt, weil er sich sagte, die sollen nichts hinter meinem Rücken entscheiden.

SCHÄUBLE: Da war ich nicht dabei, das war ein Treffen auf der Ebene der Staats- und Regierungschefs. Darüber weiß ich auch nur, was in den Zeitungen stand. Es ging dort darum, wie man die Konditionen des Griechenland-Programms so veränderte, dass die Schuldentragfähigkeit des Landes erreicht werden konnte. Dies war erst zum Jahr 2020 vorgesehen, was mit den Regeln des IWF überhaupt nicht zu vereinbaren war. Also musste eine Lösung gefunden werden, um eine weitere Beteiligung des IWF zu ermöglichen.

SEUX: Monsieur Sapin, als Sie im Mai 2012 das Arbeitsministerium übernahmen, waren Sie in nächster Umgebung des Präsidenten der Republik. Welcher Geist herrschte in Paris bei François Hollande und seiner Truppe hinsichtlich der Eurozone und Griechenland?

SAPIN: Es ging mehr um die Eurozone als um Griechenland. Wir hatten vielleicht die naive Einstellung derer, die frisch an die Macht kommen: dass das Schlimmste hinter uns liege, obwohl wir uns der Schwierigkeiten, die auf uns zukommen würden, durchaus bewusst waren. Wir glaubten also, dass sich der Sturm über der Eurozone beruhigen würde, aber genau das Gegenteil trat ein. Im Sommer 2012 wuchsen die Spannungen wieder. Zu diesen Spannungen trug auch Griechenland bei, aber es war eben nicht nur Griechenland.

Die Frage, die damals von politischer und wirtschaftlicher Seite gestellt wurde, war nicht: Was wird aus Griechenland?, sondern die allenthalben geäußerte Sorge war: Werden Portugal, Spanien und eventuell auch Italien in der Eurozone bleiben? Wir haben dann sehr schnell die Signale für einen weiteren Schritt der Integration gesetzt. Im Juni 2012 beschloss der Europäische Rat die Bankenunion. Daraufhin verkündete die EZB ihr Programm OMT, das den Ankauf kurzfristiger Anleihen von Staaten im Euroraum ermöglichte.

Schließlich kehrte ab Mitte 2014 die griechische Frage auf die Tagesordnung zurück, als mit Griechenland die Diskussionen darüber begannen, was von den erforderlichen Maßnahmen in Angriff genommen worden war – und vor allem, was nicht getan worden war.

SCHÄUBLE: Das war die Zeit, als wir den Euro-Rettungsfonds EFSF in den permanenten Fonds ESM umgewandelt hatten – als einen dauerhaften Mechanismus für Krisenfälle. Da stand dann tatsächlich nicht Griechenland im Fokus des Interesses. Damals war Griechenland – immer mit Verzögerung – auf einem guten Weg. Es hatte sogar einen Primärüberschuss und lag deutlich über den Zahlen, die der IWF bei der Beschlussfassung über das Hilfsprogramm zugrunde gelegt hatte. Erst Mitte 2014, als der griechische Premierminister Andonis Samaras mit Blick auf die zu erwartenden Wahlen bei den Reformen eine Pause einlegte, verschlechterte sich die Entwicklung wieder. Und dann kehrte die Krise zurück.

Wickert: Aber es fiel doch schon Anfang 2012 der Begriff »Grexit«, und zwar durch den Chef-Ökonom der City Group. Und dann gab es interessanterweise im Sommer 2012 einen Besuch des damals zuständigen Beamten im Kanzleramt, Nikolaus Meyer-Landrut, inzwischen deutscher Botschafter in Frankreich, der im Élysée-Palast den Vorschlag einbrachte, ob Griechenland nicht den Euro verlassen sollte. Man könne das alles arrangieren, die Griechen könnten abwerten und dann nach fünf Jahren wieder in die Eurozone eintreten. Ein Plan, der ganz ähnliche Züge trägt wie der, den das Finanzministerium in Berlin dann im Sommer 2015 vorgelegt hat. Herr Schäuble, wann hatten Sie das erste Mal mit dem Thema Grexit zu tun, und wann haben Sie mit den Griechen zum ersten Mal darüber gesprochen?

Schäuble: Als Evangelos Venizelos im Juni 2011 neuer Finanzminister in Griechenland wurde, habe ich mit ihm ein Treffen in Berlin vereinbart. Bei einem langen Abendessen im Juli habe ich ihm dann die Frage gestellt, ob es für Griechenland nicht besser wäre, wenn es eine Auszeit vom Euro nehme, um das Instrument der externen Abwertung nutzen zu können. Denn die Reformen, die er machen müsse, über einen langen Zeitraum, seien politisch schwer durchzusetzen. Das gehe eine Zeit lang gut, aber immer weitere Reformen über einen langen Zeitraum seien sehr schwierig, da die Bevölkerung sie als Einschränkungen empfinden müsse. Mit einer Abwertung könne man das in einem Schritt machen, und von da an würde es einen Erholungsprozess geben. Europa könne einen solchen Schritt flankieren. Griechenland würde weiterhin Mitglied in der Europäischen Union bleiben, und die EU würde Griechenland helfen. Darauf hat Venizelos geantwortet: »Wir wollen das unter gar keinen Umständen, wir wollen im Euro bleiben.« Ich habe ihm gesagt, dass sie dann Teile ihrer Souveränität an Brüsseler Institutionen abgeben müssten. Und er erklärte, sie würden alles tun, um im Euro zu bleiben. Solche Überlegungen habe ich natürlich immer auch mit der Kanzlerin besprochen. Ich habe als Finanzminister in wichtigen Fragen nie auf eigene Faust gehandelt – das ergäbe ja auch keinen Sinn –, sondern mich stets abgestimmt. Michel, so denke ich, wird es ebenso halten.

WICKERT: Und wie hat die Kanzlerin reagiert?

SCHÄUBLE: Nun, sie hat darüber nachgedacht, und dann wird sie vermutlich ihre Berater gebeten haben, diese Frage mit dem Élysée-Palast zu besprechen. Das ist im Endeffekt keine aufregende Geschichte. Es ist ja auch wahr, dass es viele Ökonomen gibt, die sagen, ein vorübergehender Ausstieg wäre für Griechenland besser gewesen. Aber das wurde ja nun alles auch hinreichend lange diskutiert.

WICKERT: Die Frage an Sie, Monsieur Sapin: Warum hat Frankreich zum Grexit kategorisch Nein gesagt? Erinnern Sie sich daran?

SEUX: François Hollande startete gemeinsam mit dem IWF eine Gegenoffensive, um Angela Merkel zu überzeugen. Sie trafen sich Ende August 2012 zum Abendessen.

Und die Kanzlerin schloss sich seiner Ansicht an. Welche Argumente sind dabei vorgebracht worden?

SAPIN: Frankreich war mit der Vorstellung eines »temporären Grexit« nicht einverstanden. Die entscheidende Frage war: Wie lässt sich die Glaubwürdigkeit der Eurozone bewahren? Dazu gab es zwei Hypothesen.

Hypothese Nummer eins, und das war die unserer deutschen Freunde: Ein »temporärer« Austritt aus der Eurozone würde Griechenland erlauben, seine Währung abzuwerten und seine Wirtschaft entsprechend anzupassen. Man sollte also Griechenland aus dem Euro entlassen oder bei diesem Austritt begleiten, damit diese Anpassung stattfinden kann.

Hypothese Nummer zwei, das war die unsere: Wenn Griechenland aus dem Euro austritt, könnten die Märkte denken, dass bald auch weitere Länder austreten, und darauf spekulieren. Es bestand ernsthaft die Gefahr, dass Portugal, Spanien oder Italien aufgrund ihrer hohen Verschuldung ins Visier genommen würden. Ich glaube auch, dass die Gefahren im Falle eines Austritts aus der Eurozone für Griechenland eminent gewesen wären, es wäre für Griechenland ein vollkommener Sprung ins Ungewisse gewesen mit gravierenden sozialen Folgen: ein »geordneter Grexit«, das ist ein Phantasiegebilde – er hätte unter den einfachen Menschen unvorstellbares Leid verursacht.

In diesem Punkt war die französische Position sehr klar: Die Glaubwürdigkeit der Eurozone wird durch die einfache Tatsache, dass ein Land, und sei es nur temporär, austritt, infrage gestellt. Wir waren entschieden dagegen.

SEUX: Wie haben Sie beide, während Sie miteinander verhandelten, reagiert, als Alexis Tsipras am 25. Januar 2015 mit seiner Syriza-Partei die vorgezogenen Parlamentswahlen in Griechenland gewann? Mit Überraschung, Besorgnis oder gar Bestürzung?

SCHÄUBLE: Nun, dass Tsipras die Wahlen gewinnen konnte, war nach den Meinungsumfragen im Vorfeld keine so große Überraschung. Ich hatte mit Tsipras zuvor ein recht ausführliches Gespräch. Er kam einmal nach Berlin, und viele haben mir erklärt, Tsipras dürfe man nicht empfangen. Ich habe zu ihm gesagt, wenn er mich sprechen wolle, würde ich mich gerne mit ihm unterhalten. Dann haben wir eine lange Diskussion geführt. Er erklärte mir, dass die Politik in Europa falsch sei – die Politik der Austerität. Ich antwortete, dass wir da unterschiedlicher Meinung seien. Und dann sagte er, er werde einen Wahlkampf führen, in dem er verspreche, dass Griechenland nicht aus dem Euro ausscheiden werde; aber sie würden auch keinerlei Bedingungen akzeptieren. Wenn das so sei, antwortete ich, wünschte ich ihm persönlich, dass er die Wahl nicht gewänne. Denn er werde ein solches Wahlversprechen, das ihm vielleicht den Wahlerfolg einbringe, nicht halten können. Es könne keine Mitgliedschaft im Euro geben, ohne dass man Auflagen akzeptiere. Insofern war ich, als Tsipras dann tatsächlich die Wahl gewann, nicht sehr überrascht – und auch nicht davon, was danach passierte. Ich war ein bisschen gespannt darauf, wie es sich denn auflösen würde. Am Ende hat Tsipras es aufgelöst, indem er das Gegenteil von dem akzeptierte, was er vor der Wahl versprochen hatte. Das ist in aller Kürze die Geschichte.

SAPIN: Auf französischer Seite ist das etwas komplizierter. Wir wussten, dass unsere politischen Freunde in Griechenland, die PASOK, große Schwierigkeiten hatten. Und ein Teil der Linken in Frankreich, auch innerhalb der Sozialistischen Partei, betrachtete den Sieg von Syriza als eine gute Sache.

Was mich betrifft, sagte ich mir von Anfang an – und nicht erst nach den Begegnungen mit Varoufakis: »Wir kennen das aus Frankreich. Die Linke denkt, sie könne die Welt verändern. Aber einmal an der Macht, wird sie mit den wirtschaftlichen und politischen Realitäten konfrontiert und sieht sich zu Anpassungen gezwungen.« Ich habe stets geglaubt, dass diese Regierung, trotz aller Widersprüche und politischen Divergenzen, das tun würde, was nötig war.

Zu dieser Überzeugung gelangte ich, als Alexis Tsipras sehr schnell nach seinem Wahlsieg nach Paris kam, um Präsident Hollande zu treffen. Da war ich mit dabei.

SEUX: Was wurde bei diesen beiden Treffen gesagt? Erzählen Sie!

SAPIN: Man sollte dies vielleicht mit einem gewissen Abstand berichten, denn der griechische Premierminister ist ja noch im Amt. Ich war von dem Moment an überzeugt, dass Tsipras ungeachtet aller politischen Schwierigkeiten das Notwendige durchsetzen würde, als er zu Präsident Hollande sagte: »Ich bin nicht nur für ein paar Monate da, ich werde für längere Zeit da sein, denn wenn ich mein Land umgestalten will, brauche ich Zeit. Also werde ich für ein paar Jahre im Amt sein.« In der Mythologie der Linken gibt es diejenigen, die an die Macht kommen und sagen: In hundert Tagen verändere ich die Dinge, und dann gehe ich wieder. Und die anderen sagen: Ich kann in meinem Land nur etwas verändern, wenn ich dauerhaft am Ruder bleibe. Genauso ist es auch mit der französischen Linken.

Der griechische Premierminister jedenfalls sagte: Ich werde dauerhaft am Ruder bleiben. Das heißt, wenn Tsipras aufrichtig ist und wenn er keine schweren politischen Fehler begeht, wird er die Entscheidungen treffen, die es ihm erlauben, auf Dauer am Ruder zu bleiben. François Hollande fragte ihn: »Aber was wirst du mit deiner Mehrheit anstellen?« Und Tsipras entgegnete: »Ich bin gekommen, um zu bleiben. Und ich werde bleiben.«

SEUX: Alexis Tsipras hat sich mit Syriza durchgesetzt.

SAPIN: Wenn Sie so wollen. Und man sieht auch, was er aus Syriza gemacht hat, ein Teil der Verantwortlichen hat das Boot verlassen.

SEUX: Hat er Ihnen schon zu diesem Zeitpunkt gesagt: Ich fordere eine sofortige Restrukturierung und einen Schuldenerlass?

SAPIN: Natürlich lag die Schuldenfrage von Anfang an auf dem Tisch.

SEUX: Und Sie sagten ihm: Das ist ja schön und gut, aber …

SAPIN: Wir haben ihm geantwortet wie alle anderen auch: Bevor wir über Schulden reden, sollten wir erst einmal über Reformen und andere unabdingbare Maßnahmen in Griechenland sprechen. Danach können wir uns den Schulden zuwenden. Alle haben wir so geantwortet – wenn auch mit mehr oder weniger Strenge und mit unterschiedlich flexiblen Zeitplänen. Natürlich hat Tsipras auf die Schuldenfrage bestanden, aber nie hieß es: »Zuerst die Schulden, dann reden wir weiter.« Die Hauptbotschaft war: »Das Land hat nie Reformen gekannt, es ist ein archaisches Land, das sich in den Händen von Clans« – dieses Wort gebrauchte er – »befindet. Aber jetzt bin ich da, und ich habe mit denen nichts zu tun.« Er hatte also den Eindruck, er sei frei und könne unabhängig von diesen Interessengruppe handeln, die in gewisser Weise die verschiedenen Vorgängerregierungen lahmgelegt hatten, denn sowohl PASOK als auch Nea Dimokratia waren sehr abhängig von diversen Interessengruppen. Aber er erklärte: »Ich bin frei davon, und ich werde diese Freiheit nutzen, um den Steuerbetrug zu bekämpfen und eine effiziente Steuerbehörde einzusetzen, die gegen die Wirtschaftsmonopole vorgeht und gegen die Familien, die sie dominieren.« Er war wirklich sehr entschieden.

SEUX: Ihr direktes Gegenüber war Yanis Varoufakis. Als Sie ihn das erste Mal trafen, wie war es da? Sie haben über ihn gesagt, er sei ein ganz spezielles Kaliber …

SAPIN: Man kann ihn so nennen, ein komischer Vogel. Zu unserem ersten Treffen in Bercy kam er ganz auf die Varoufakis-Art, man konnte ihn anhand der Menge der Kameras orten. Wir sprachen über sehr vieles, er hatte ja immer viele Ideen. Ich dachte mir, das ist ein typischer Universitätsprofessor. Danach gaben wir eine gemeinsame Pressekonferenz. Ich erinnere mich sehr genau, dass ich sagte, es gebe eine Reihe von Bedingungen, die von Griechenland unbedingt respektiert werden müssten: Zuerst verantwortliches Verhalten und im Gegenzug Solidarität – und nicht umgekehrt. Selbstverständlich respektierte Frankreich den Regierungswechsel, und die neue Regierung hatte natürlich das Recht zu verlangen, dass wir unsere Forderungen überdenken. Aber grundlegend war unbedingter beiderseitiger Respekt: Ihr respektiert die europäischen Regeln, wir respektieren den Regierungswechsel.

Ich erinnere mich, wie er in der Pressekonferenz das Wort ergriff und zu den zahlreichen anwesenden Journalisten sagte: »Jetzt spreche ich als Wirtschaftswissenschaftler zu Ihnen …« Und dann begann er seine Steckenpferde zu reiten. Ich musste ihn irgendwann unterbrechen, um ihm zu erklären: Hör zu, hier bist du nicht Universitätsprofessor, sondern Minister. Ich äußere mich ja auch nicht als Archäologe, auch wenn ich das gelernt habe. Das große Problem eines Teils der Syriza-Leute und insbesondere von Varoufakis ist, dass es ihnen nie gelungen ist, aus der imaginären oder intellektuellen Welt in die reale Welt, die Welt des Handelns und in die Welt der Widersprüche, zu wechseln.

Es gab noch eine andere Botschaft, die ich Varoufakis an diesem Tag mit auf den Weg gab: Er solle nicht ver-

suchen, die Länder innerhalb der Eurozone gegeneinander aufzubringen, er solle nicht glauben, er könne die
südeuropäischen Länder samt Frankreich dazu bringen,
Front gegen die Nordeuropäer und Deutschland zu machen. Ich habe ihm sehr deutlich gesagt: »Wenn du glaubst,
in diesem Punkt insbesondere zwischen Deutschland und
Frankreich einen Keil treiben zu können, irrst du dich.«
Und ich sagte ihm, es freue mich, dass er mich als ersten
seiner Kollegen aufgesucht habe, aber die Person, die er
jetzt besuchen müsse, sei Wolfgang, darum komme er
nicht herum.

Seux: Nach einem solchen Treffen im Élysée mit Tsipras
oder Varoufakis, rufen Sie dann Wolfgang Schäuble an,
um ihm zu sagen, worum es in der Unterredung ging und
wie Sie die Sache sehen?

Sapin: Ja. Sicherlich habe ich zu Wolfgang gesagt: »Voilà,
voyez-vous.« Ich habe Yanis die Mobilnummer von Wolfgang gegeben und Wolfgang die von Yanis – das ist ja eine
vollkommen normale Sache. Und sie haben sich dann ja
auch getroffen.

Schäuble: Wir wissen schon, dass wir in bestimmten
Fragen nicht völlig identischer Meinung sind. Aber wir
wissen auch, dass wir niemals einem Dritten erlauben, uns
gegeneinander auszuspielen. Daran habe ich auch nie den
geringsten Zweifel gehabt. Und in der Tat hat mich Michel
damals angerufen.

WICKERT: Varoufakis erzählte, dass, als er Sie zum ersten Mal traf, er sich Ihnen mit einem gewissen Respekt näherte und Sie ihn mit den Worten begrüßten: »Call me Wolfgang.«

SCHÄUBLE: Er kam nach Berlin, und bei uns herrschte große Nervosität. Es gab sogar Leute, die gesagt haben, man solle ihm nicht die Hand schütteln, das gäbe ein furchtbares Bild ab. Ich habe nur gesagt: Ihr seid doch verrückt! Das ist der Finanzminister eines der Mitgliedsländer des Euroraums. Wir werden uns genauso verhalten wie bei jedem anderen Finanzminister auch. Also machten wir zunächst ein Foto vor der Europa-Fahne und den Flaggen unserer Länder. Dann gaben wir uns für die Fotografen die Hand. Und da wir Finanzminister uns alle auf Englisch unterhalten, reden wir uns auch beim Vornamen an. Er hat mir gesagt, er verfolge meine politische Tätigkeit seit zwanzig Jahren, und er sei der Ansicht, dass ich der größte Europäer sei. Er hat ja so manches gesagt, und das voller Leidenschaft. Und ich habe gedacht, du darfst mich aber auch nicht unterschätzen. Durch so einfache Komplimente bin ich nicht zu beeinflussen. Also habe ich ihm entsprechend geantwortet: Ich würde aus kleinen Verhältnissen stammen und sei in einer Kleinstadt im Schwarzwald aufgewachsen. Und ich hätte immer großen Respekt, wenn ein richtiger Professor zu mir zu Besuch komme. Damit wollte ich ihm nur sagen: Wir sollten unsere wertvolle Zeit nicht mit solchen Mätzchen verplempern. Dann haben wir uns ernsthaft unterhalten, und ich habe ihm erklärt, dass es keine weiteren Hilfen ohne Einhaltung der Vereinbarungen gebe. Es war eine ganz vernünftige Diskussion, und hinterher haben wir eine gemeinsame Pressekonferenz gegeben. Wieso denn auch nicht? Wir mussten ja vor der Presse auch nicht verschweigen, dass wir unterschiedliche Meinungen hatten. Das ist ja nichts Unanständiges. Und so verlief auch die Pressekonferenz. Viele hatten hinterher scheinbar den Eindruck, dass Varoufakis medial sehr überzeugend ist und ich ein etwas anderer Typ bin. Aber das ist ja nun auch nicht sehr überraschend gewesen. Das nächste Mal trafen wir innerhalb der Eurogruppe aufeinander, und auch da verhielten wir uns ganz normal. Nur seine Art, Interviews zu geben, entsprach vielleicht nicht ganz unseren Vorstellungen von Seriosität, aber das ist eine andere Geschichte. Persönlich sind wir gut miteinander ausgekommen. In der Sache herrschte keine Übereinstimmung, aber in der Form war das nie beleidigend. Und er hat sich auch nie bei mir darüber beklagt, dass ich ihn nicht höflich und freundlich behandelt hätte.

SEUX: Wie war Ihrer Einschätzung nach Anfang 2015 die wirtschaftliche Lage in Griechenland? War Griechenland dabei, sich wieder aufzurappeln? Es gab ja doch einige Quartale in Folge ein Wirtschaftswachstum. Begannen die aufeinander folgenden Programme Wirkung zu zeigen? War es die Regierung Tsipras, die dann in die alte Untätigkeit zurückfiel?

SAPIN: Griechenland befand sich 2014 tatsächlich auf dem Weg der Besserung, und die Investoren begannen sich wieder nach Investitionsmöglichkeiten umzusehen. Aber ich war im Juli 2014 in Griechenland, und da konnte man spüren, dass der Reformwille der Regierung Samaras am

Verschwinden war. Im Herbst lief es sehr schlecht, und das schürte neue Unsicherheit. Ende des Jahres scheiterte die Wahl eines Präsidenten, und der IWF setzte seine Hilfszahlungen aus. Der anschließende Wahlkampf war sehr hart, begleitet von vielerlei Ängsten. All das führte dazu, dass die Erholung der griechischen Wirtschaft abgewürgt wurde. Syriza hat zu Beginn des Jahres 2015 viele Fehler gemacht, aber sie haben bei ihrem Regierungsantritt alles andere alle ideale Bedingungen angetroffen.

SEUX: Was waren denn zu diesem Zeitpunkt, Anfang 2015, die konkreten Forderungen von Griechenland? Es gab dann ja eine Zeit, drei oder vier Monate, in der Sie in der Eurogruppe auf Reformvorschläge seitens Griechenlands warteten, die aber nicht kamen. Man sprach erst von Februar, danach von April, dann von Mai und schließlich war es Juni. Was geschah da auf beiden Seiten?

SCHÄUBLE: Eigentlich war das Programm für Griechenland Ende Dezember 2014 ausgelaufen. Wir hatten es bis Ende Februar 2015 verlängert und hätten es auch bis Ende Juli verlängert, aber Samaras wollte das nicht – ich habe ihn noch zu überzeugen versucht, eine Frist von zwei Monaten sei zu kurz, aber vergeblich. Deswegen lief die Frist Ende Februar aus. Also lautete die Forderung: Ihr müsst euch bis Ende Februar zu den Verpflichtungen bekennen, sonst ist das Hilfsprogramm zu Ende. Dann hat man in einem dramatischen Manöver Ende Februar, wenige Tage vor Auslaufen des Programms, eine Erklärung zustande gebracht – die ist wohl von Tsipras persönlich ausgehandelt worden –, mit der das Programm noch einmal um vier Monate verlängert wurde. Wohlgemerkt, es wurde noch kein Geld ausgezahlt, es ging nur darum, zu vereinbaren, dass das Programm noch nicht beendet sei. Und da waren wir uns auch alle einig: Griechenland muss sich zu seinen Verpflichtungen bekennen, dann kann das Programm verlängert werden und man kann weiter diskutieren. Meinungsverschiedenheiten zwischen uns traten dann erst im Juli 2015 auf, als das Programm ausgelaufen war und man vor der Entscheidung stand, was jetzt zu tun sei. Bis dahin waren wir uns einig: Griechenland muss seine Verpflichtungen erfüllen, und wenn Griechenland dies tut, wird man weitere Schritte gehen können. Es war auch nicht umstritten, dass es ein drittes Hilfsprogramm würde geben können. Da war nur die Frage, in welcher Reihenfolge gehen wir vor.

SAPIN: Es war doch sehr störend, dass, nachdem wir Griechenland aufgefordert hatten, seine Änderungswünsche in Bezug auf den Reformplan zu forumlieren, mehrere Monate lang keine Antwort von Griechenland kam. Das Einzige, was ihnen einfiel, war, die Lieferung der Daten hinauszuschieben, zu der sie sich verpflichtet hatten. Die Regierung Tsipras stieß dabei auch auf technische Schwierigkeiten. Man muss dabei auch sehen, dass die griechische Verwaltung mehr als unzureichend war, und als die neue Mannschaft eintraf, war sie von einer ganzen Reihe von Informationsquellen abgeschnitten.

Aber das Unvermögen war eben auch politisch bedingt: Alexis Tsipras konnte gar keine Forderungen stellen, denn er war sich nicht sicher, ob sie in seinem Parlament von einer Mehrheit unterstützt würden. Und da kam er mit diesem erstaunlichen Coup des Referendums am 5. Juli, das gegen die europäischen Partner gerichtet zu sein schien, und er erhielt dafür eine Zustimmung von mehr als 60 Prozent. In Wirklichkeit war das Ganze ein Mittel, um seine eigene Mehrheit in Schach zu halten. In meinen Augen war das ein Geniestreich.

SEUX: Wie verliefen denn diese Treffen der Eurogruppe in der Zeit zwischen Februar und Juni? Man hat den Eindruck, dass es ständig Sitzungen gab, bestimmt mehr als ein Dutzend …

SCHÄUBLE: Diese Sitzungen waren eigentlich nur frustrierend. Und Varoufakis hat dazu beigetragen, dass sie noch frustrierender wurden. Das war für Griechenland nicht sehr hilfreich.

SAPIN: Von einem bestimmten Moment an wurde das für Frankreich und für uns, die wir ja aufgrund der Kultur und der Geschichte eine gewisse Nähe zu Griechenland haben, ganz objektiv betrachtet ärgerlich und unerträglich. Ich erinnere mich sehr gut an den Moment, als diese Verärgerung ganz deutlich zum Ausdruck kam, das war bei dem informellen Treffen der Eurogruppe am 24. April in Riga: So konnte es nicht weitergehen mit Griechenland, das nie Vorschläge machte, und dazu ein Varoufakis, der ständig in irgendeiner Art provozierte.

Ich war derjenige, der als Erster das Wort ergriff, um ihm zu sagen, dass wir auf diese Art und Weise nicht weiter unsere Zeit verlieren können: »Wir warten seit Monaten, jetzt reicht es.«

Seux: Sie sprachen Varoufakis vor den 18 Ministern ganz direkt an?

Sapin: Ich habe Varoufakis vor den anderen Ministern angesprochen, denn die Minister dachten, dass ich ihm auf die eine oder andere Weise am meisten Verständnis entgegenbrachte. Aber jetzt führte seine Haltung dazu, dass meine und Frankreichs Glaubwürdigkeit beschädigt wurde.

Wickert: Herr Schäuble, hatten Sie das abgesprochen, dass er das sagen würde?

Schäuble: Nein, aber es war natürlich genau so, wie Michel es gesagt hat: Dass ausgerechnet er, der immer am meisten Verständnis für Griechenland gezeigt hatte, die Initiative ergriff, war für alle sehr eindrucksvoll. Ich habe immer versucht, mich hier zurückzuhalten, denn ich war nie verdächtig, besonders verständnisvoll gegenüber dieser griechischen Regierung zu sein.

Seux: Tsipras verstand die Botschaft?

Sapin: In gewisser Weise ja. Nach dem Referendum im Juli wurde Varoufakis formell von den Verhandlungen ausgeschlossen, aber praktisch geschah das bereits unmittelbar nach diesem informellen Treffen der Eurogruppe in Riga.

Schäuble: Es war immer wieder aufs Neue enttäuschend. Wir sind zu einer Sondersitzung nach der anderen gereist und kamen nicht voran. Wir näherten uns immer weiter der Frist Ende Juni, mit der das Programm auslief. Und allen war klar: Wenn diese Frist verstrichen ist, befinden wir uns in einer neuen Situation.

SEUX: Im Juni übermittelte Ihnen die griechische Regierung doch noch Vorschläge im Austausch für ein neues Hilfsprogramm. Dazu gehörten die Kürzung der Militärausgaben, die Einschränkung des Vorruhestands, das Ziel eines Haushaltsüberschusses, höhere Beiträge für die Rentenversicherung, die Erhöhung der Mehrwertsteuer für die griechischen Inseln. Das reichte Ihnen nicht? Während gleichzeitig die Sparer ihr Geld von den Banken abzogen …

SAPIN: Es muss hier vielleicht angemerkt werden, wie diese Verhandlungen vonstatten gingen. Phasenweise waren dies auch nicht wirklich Verhandlungen, weil wir die Texte, die Varoufakis der Eurogruppe vorlegte, in der Presse wiederfanden. Dazu gab es eine regelrechte Kakophonie innerhalb der griechischen Regierung. Ein Minister kam mit irgendeinem Vorschlag, der andere erklärte das Gegenteil. Das alles war nicht hilfreich, es trug dazu bei, das Vertrauen zu untergraben. Wir verloren nur unsere Zeit, und es gelang uns nicht, die Fortschritte auf den Tisch zu legen, die auf beiden Seiten gemacht wurden.

SEUX: Wenn ich das richtig verstehe: Bis zu diesem Moment, das heißt bis zu dem griechischen Referendum und dem EU-Sondergipfel vom 12./13. Juli, sind Sie, Frankreich und Deutschland, grosso modo auf einer Linie. Sie sind verärgert, sie erwarten Vorschläge, die dann schließlich auch kommen … Aber ab Anfang Juli zeichnet sich eine große Meinungsverschiedenheit zwischen Ihnen ab.

SAPIN: Der entscheidende Moment ist das Referendum mit seiner sichtbarsten Folge, der Ablösung von Varoufakis durch Tsakalotos. Aber ich würde gerne etwas weiter zurückgehen. Denn als Alexis Tsipras sein Referendum ankündigte, empfanden wir das alle als …

SEUX: … als würde Ihnen eine lange Nase gedreht? Als eine Ohrfeige?

SAPIN: Mehr als nur eine Nase gedreht. Auf jeden Fall als feindseligen Akt. Der Präsident führte dann viele Gespräche mit dem Premierminister und ich mit Varoufakis, aber ich verstand nichts von dem, was er mir sagte. Bis zum Mittwoch vor dem Referendum sagte Tsipras, er sei bereit, das Referendum abzusagen, wenn wir uns über das Programm und alle dazugehörigen Elemente einigen könnten, insbesondere darüber, ob und wie die Schuldenfrage behandelt würde.

Am Mittwoch hatte der Präsident also den Eindruck, eine Einigung und die Absage des Referendums seien möglich, da rief Tsipras plötzlich dazu auf, die Vorschläge der »Institutionen« abzulehnen und mit Nein zu stimmen. Bislang hatte Tsipras gezögert, er hatte sich nicht festgelegt, ob er zum Ja oder zum Nein aufrufen würde, es war surreal.

François Hollande war zutiefst schockiert.

SEUX: Was hat er Ihnen gesagt? – »Er verarscht mich«?

SAPIN: Nein, so spricht der Präsident nicht. Aber das Unverständnis unter den Verhandlungspartnern Griechenlands hätte in diesem Moment nicht größer sein können. Das Referendum fand also statt, und am darauffolgenden Montag wussten wir nicht, was der Sinn von Tsipras' Referendum war. Auf jeden Fall gab es erneut einen Kontakt, und Tsipras erklärte, er wolle jetzt ein europäisches Hilfsprogramm. Er erklärte, das Referendum habe er veranstaltet, um seine Macht zu stärken, um bei einer Mehrheit für ihn die Annahme von Reformen durchzusetzen.

SEUX: Er erklärte Ihnen damit, dass das Referendum nicht gegen Sie gerichtet war, sondern dazu diente, ihm seine Mehrheit zu organisieren.

SAPIN: Der Beweis dafür war die Tatsache, dass er ein Programm akzeptierte, das härter war als das, was Griechenland im April hätte haben können – und sei es nur, weil sich seitdem die wirtschaftliche Lage verschlechtert hatte. Er akzeptierte die Reformen, die sie im Juni ausgeschlossen hatten! Das schlug sich auch in der Ankunft eines neuen Finanzministers nieder: Euklides Tsakalotos. Ich war ihm schon vor der ersten Zusammenkunft auf europäischer Ebene begegnet, und ich erinnere mich, dass er mich fragte, wie er denn sein solle. Ich sagte ihm: »Du musst grundverschieden von Varoufakis sein, das heißt voller Bescheidenheit.« Er schrieb diese Worte auf ein Stück Papier: »Bescheidenheit erweisen«.

SEUX: Und das Fernsehen war Zeuge.

SAPIN: Das Fernsehen hat das Papier gefilmt. Man sollte also nie ein Papier in der Hand haben! Objektiv betrachtet, war Tsakalotos sehr viel geschickter. Er spricht mit anderen, ohne der ganzen Welt Lektionen zu erteilen. Danach war er vielleicht etwas zögerlich, aber seine ganze Art machte die Dinge enfacher.

SEUX: Wie entstand diese Spannung zwischen Frankreich und Deutschland? Weil Berlin – oder vielleicht auch nur Wolfgang Schäuble – in Wahrheit dachte, der Grexit ist die einzige Lösung?

SAPIN: Es bestand Uneinigkeit. Man muss auch nicht vorgeben, es hätte sie nicht gegeben. Wolfgang war für einen temporären Grexit. Ich war der Ansicht, ein temporärer Grexit sei nicht möglich, und vor diesem Hintergrund musste größtmöglicher Druck auf Griechenland ausgeübt werden, um ein Pfand zu haben für Griechenlands politischen Willen, im Euro zu bleiben.

SCHÄUBLE: Wir haben im Grunde in einem Punkt unterschiedliche Beurteilungen. Dieser Punkt betrifft zwei Aspekte. Der eine ist die Frage der zeitlichen Begrenzung eines Euro-Austritts. Michel hat immer seine Zweifel geäußert, ob ein zeitlicher Austritt Griechenlands möglich ist. Klar war immer: Wir werfen Griechenland nicht hinaus, aber wenn Griechenland austritt, können wir Hilfe anbieten. Ob dies zeitlich begrenzt bleibt und ob nicht die Gefahr der Verunsicherung der Finanzmärkte so groß ist, dass man dies vermeiden sollte, darüber gibt es unterschiedliche Ansichten. Das ist der eine Aspekt. Und der andere: Ich hatte immer meine Zweifel, ob Griechenland erfüllen kann und erfüllen wird, was Griechenland erfüllen muss. Darum ging auch die Diskussion unter den Finanzministern der Eurogruppe. Wir waren uns ja eigentlich immer einig: Sie müssen es erfüllen, sonst kommt es zu der Lösung, von der Michel sagt, man müsse sie vermeiden. Und ich habe gesagt: Wenn sie das tun, braucht man die andere Lösung gar nicht. Nun sind wir in der Lage, dass wir beide darauf hoffen, dass Griechenland das macht, wozu es sich verpflichtet hat.

WICKERT: Damals hatte man den Eindruck, dass die französische Position, ich will es mal so sagen, recht lax gewesen ist und dass dadurch auch eine Differenz zwischen Ihnen beiden entstanden ist.

SEUX: Und in Frankreich hatte man den Eindruck, dass die deutsche Position von unverständlicher Härte war.

SCHÄUBLE: Ja, deswegen wurden wir auch in Griechenland stärker in die Verantwortung genommen für den Inhalt dieses Programms als Frankreich. Es wird ja nicht gesagt, dieses Programm, so wie es nun beschlossen worden ist, sei im Élysée oder in Bercy geschrieben worden. Ich sage nur, in der griechischen Öffentlichkeit und auch sonst ist dieses Programm kritisiert worden als ein zu strenges für Griechenland, obwohl es dort akzeptiert worden ist. Man hat dann gesagt, eigentlich sei man dagegen. Auch der gegenwärtige Finanzminister Tsakalotos hat gesagt,

196

er sei nicht für das Programm, das er unterschrieben hat. Und dafür werden nun wir verantwortlich gemacht – ich etwas mehr als Michel. Da ist natürlich auch etwas dran. Ich würde das nicht als Laxheit bezeichnen, sondern vielleicht ein bisschen diplomatischer umschreiben. Wir haben mehr Druck gemacht, weil wir gesagt haben: Es kann nur funktionieren, wenn ihr das wirklich umsetzt. Und es bleiben die Zweifel, ob sie es umsetzen, aber die Zweifel muss ich hier nicht diskutieren.

WICKERT: Es gab damals etwas, das zumindest in der deutschen Öffentlichkeit mit Verwunderung aufgenommen wurde. Bercy, also das französische Finanzministerium, hat einen hohen Beamten nach Griechenland geschickt und gesagt: Wir helfen euch, das Ganze auszuarbeiten. Herr Schäuble, wussten Sie davon?

SCHÄUBLE: Man hat es in den Zeitungen gelesen.

SEUX: Stimmt das denn?

SAPIN: Nein. Der Beamte, dessen Foto ich in der deutschen Presse gesehen habe, war nie in Griechenland.

WICKERT: Dann hat er das also in Paris gemacht?

SAPIN: Es stimmt, dass wir Kontakte mit der griechischen Seite hatten. Wir versuchten, mit ihr die Niederschrift der Vorschläge voranzutreiben, damit die Vorschläge, die die griechische Seite einbringen würde, den erforderlichen Verpflichtungen entsprachen und glaubwürdig und solide waren. Das betraf ganz besonders die Frage des Fonds für die Privatisierung. Um es offen zu sagen: Die griechische Seite war handwerklich dazu gar nicht in der Lage, dies auszuarbeiten. Als sogenannten Berater hatten sie eine französische Bank.

Seux: Matthieu Pigasse.

Sapin: Den ich glücklicherweise nie gesehen habe. Dann kam eine andere Beraterbank, eine amerikanische. Sie brauchten unbedingt Leute, die etwas von der Sache verstehen, insbesondere was die Bewertung eines Aktivvermögens betrifft, die Bedingungen für eine eventuelle Privatisierung, die Verwaltung des Aktivvermögens etc. Sie hatten überhaupt keine Kenntnisse in diesen Angelegenheiten.

Schäuble: Wir beide haben doch zusammen mit Tsakalotos am Abend des Gipfels im Juli 2015 mit den beiden koreanisch-amerikanischen Beratern die Gipfelerklärung formuliert. Dass im Vorfeld Frankreich Griechenland – oder das französische Finanzministerium dem griechischen Finanzministerium – geholfen hat, damit habe ich überhaupt kein Problem.

Seux: Erzählen Sie uns etwas über das Gipfeltreffen der Eurogruppe am 12. Juli, das sich bis zum Morgen des 13. Juli hinzog.

Sapin: Wolfgang schlief, er ging ins Bett.

Schäuble: Ich lag im Bett, und du saßest in irgendwelchen Sitzungsräumen. Er hat mich darum beneidet.

Seux: Bis um wie viel Uhr war der Grexit möglich? Es gab da eine mediale Spannung, oder war das alles nur heiße Luft? Was ist auf diesem Gipfel wirklich geschehen, mit all seinem Hin und Her?

Schäuble: Bei den Finanzministern hatten wir in der Eurogruppe eine relativ klare Position, dass wir die beiden Alternativen aufschreiben. Wir haben ja nie gesagt, es gibt nur die Lösung eines Time-out für Griechenland. Sondern wir haben gesagt: Griechenland muss die und die Bedingungen erfüllen, oder es wäre für Griechenland auch zu überlegen, ob es nicht von sich aus für eine gewisse Zeit ausscheidet. Bei den Staats- und Regierungschefs war eigentlich abzusehen, dass es dafür keine gemeinsame Position geben würde. Und die Kanzlerin hat nie einen Zweifel daran gelassen – und das ist auch meine Position –, dass eine solche Entscheidung nicht im Widerspruch zwischen Frankreich und Deutschland getroffen werden kann. Dann war die Frage: Kann man eine gemeinsame Position zwischen Paris und Berlin herstellen, um eine gute Arbeitsgrundlage für den Gipfel der Eurogruppe zu haben? Das war nicht ganz einfach, aber wir erzielten eine einvernehmliche Lösung. Dann kam im Verlauf des Abends des 12. Juli die Bitte von Präsident Hollande, der Bundeskanzlerin und Herrn Tsipras, wir sollten die Formulierungen für den Privatisierungsfonds ausarbeiten. Also haben wir uns zusammengefunden, und der Gipfel ging weiter. Und da ich ein alter Mann bin, habe ich mir gesagt: Was soll ich die ganze Nacht herumsitzen, um vielleicht in vier Stunden wieder einmal gefragt zu werden. Also habe ich mit der Bundeskanzlerin verabredet, dass ich jederzeit erreichbar sei und, wenn sie mich persönlich brauche, innerhalb von zwanzig Minuten anwesend sei. Und dann habe ich mich ins Bett gelegt. Im Verlauf der Nacht habe ich mit der Kanzlerin, ich weiß nicht, wie viele Male, telefoniert. Aber es war sehr viel klüger, als in irgendeinem Raum zu warten.

SEUX: Was wurde im Lauf der Nacht fallengelassen, was war schon zu Beginn der Sitzung abgemachte Sache? Ich spreche nicht mehr von der Eurogruppe, sondern vom Gipfel der Staats- und Regierungschefs. Was waren die am härtesten umkämpften Punkte?

SCHÄUBLE: Da ich bei den Verhandlungen nicht persönlich dabei war, kann ich das nicht so genau nachvollziehen. In den Telefongesprächen ging es ziemlich lange um den Privatisierungsfonds. Irgendwann war der Beschluss gefasst, dass – wie schon gesagt – die 25 Milliarden Euro, die für die Banken-Rekapitalisierung vorgesehen waren, auf den Fonds übertragen wurden – und damit war die Hälfte von den 50 Milliarden beisammen. Dann äußerte Tsipras den Wunsch, dass man den Rest nicht komplett für die Schuldentilgung aufwende, sondern ein Teil als Investitionen nach Griechenland fließen solle. Man einigte sich schließlich auf einen Kompromiss: 12,5 Milliarden für die Schuldentilgung, 12,5 Milliarden für Investitionen. Diese Einigung kam morgens gegen acht Uhr.

Sapin: Ich war überzeugt, dass wir zu einer Einigung gelangen würden, aber man ist ja nie vor einem Unglück gefeit. Die Spannung war sehr groß, und die Position Deutschlands sehr hart. Auf der griechischen Seite waren gewisse Unruhewallungen spürbar: Würde Tsipras mit dem, was er hier aushandelte, in seinem Land politisch überleben können? Das war sehr schwierig für ihn, und letztlich kam es dann ja auch zu vorgezogenen Parlamentswahlen.

Zweimal im Lauf dieser Nacht schien ein Scheitern möglich, und zweimal musste Tsipras wegen ganz kleiner Sachen wieder telefonieren. Die Leute regten sich auf, denn dieses Warten mitten in der Nacht ist nie angenehm. Dann schließlich gab es um neun Uhr früh eine Vereinbarung. Ich denke nicht, dass Tsipras sich sagte: Ich stimme jetzt einem Programm zu, und dann werden wir schon sehen. Nein, er wollte das wirklich.

Wickert: Welche Rolle spielte bei dieser Vereinbarung der IWF, der Internationale Währungsfonds?

Schäuble: Er spielte natürlich eine wichtige Rolle für uns alle. Als wir den Europäischen Rettungsfonds ins Leben riefen, kam ein Drittel vom IWF. Und im Vertragswerk für den ESM, den wir in innerstaatliches Recht umgesetzt haben, ist die Beteiligung des IWF vorgeschrieben – es sei denn, der IWF zöge sich von sich aus zurück. Aber wir Europäer müssen alles tun, um den IWF zu halten. Wir würden in einer Reihe von Mitgliedsländern ohne eine Teilnahme des IWF keine Zustimmung in den Parlamenten bekommen.

WICKERT: Herr Schäuble, wie war denn Ihr Verhältnis zur Bundeskanzlerin in dieser Sache? Es gab ja öffentliche Irritationen, als sie im Kanzleramt zu einem Gespräch einlud und Sie nicht dabei waren …

SCHÄUBLE: In der Öffentlichkeit gibt es immer wieder Berichte über irgendwelche Irritationen zwischen allen möglichen Seiten. Ich nehme an, Sie meinen jenes Treffen an einem Sonntagabend, als Frau Merkel mit Herrn Juncker und Präsident Hollande eigentlich über ein anderes Thema sprechen wollte und sie dann auf die Idee kamen, Frau Lagarde und Herrn Draghi dazuzuladen, weil es immer wieder Meldungen gab, innerhalb der Troika – der drei Institutionen IWF, EZB und Europäische Kommission – gäbe es unterschiedliche Meinungen. Wenn ich mich recht erinnere, fand unmittelbar davor in Dresden unser Finanzministertreffen im Rahmen der G7 statt. Bei diesem Treffen habe ich mit Frau Lagarde und Herrn Draghi darüber gesprochen, dass die Bundeskanzlerin überlege, sie zu bitten, zu diesem Gespräch dazuzukommen, um im kleinen Kreis die gemeinsame Position von Europäischer Kommission, EZB und IWF zu besprechen. Ich habe dann in der Zeitung gelesen, ich sei von diesem Treffen überrascht gewesen oder nicht damit einverstanden – oder was auch immer. Das Gegenteil ist der Fall: Ich habe davon vorher gewusst, und ich habe die Kollegen darauf vorbereitet, die Einladung anzunehmen. Bei einem Treffen der Bundeskanzlerin mit einem anderen Staats- oder Regierungschef ist der Finanzminister normalerweise nicht dabei. Und ganz ehrlich: Ich habe so viele Treffen, dass ich um jedes dankbar bin, an dem ich nicht teilnehmen muss.

Es gab auch meinerseits nie den Gedanken, ich müsste dort dabei sein.

WICKERT: Wie schätzen Sie Tsipras als Politiker ein?

SCHÄUBLE: Ich habe ihn ja nur dieses eine Mal persönlich erlebt, als er in Berlin zu mir kam, da war er noch gar nicht Ministerpräsident. Offensichtlich ist er sehr stark darin, die griechische Öffentlichkeit zu überzeugen, und dafür habe ich großen Respekt. Ich glaube allerdings auch, dass ihn eine gewisse Rücksichtslosigkeit auszeichnet. Ich jedenfalls hätte Mühe, einen Wahlkampf zu führen mit einer zentralen Aussage, um anschließend das genaue Gegenteil davon zu tun. Michel hat das genial genannt, für mich ist es trotz allem jenseits dessen, was ich mir für mich vorstellen kann: ein Referendum zu machen, seine Bevölkerung, seine Anhänger aufzufordern, gegen diesen Plan zu stimmen, die Abstimmung zu gewinnen und dann zu sagen, jetzt mache ich diesen Plan. Darin liegt auch eine gewisse Geringschätzung des Wählerwillens. Doch da ich die Griechen nicht so genau beurteilen kann wie er, respektiere ich, dass er das getan hat. Aber genau deswegen war ich in dem Ringen darum, welche Konditionen erreicht werden, vielleicht härter als andere. Und ich fühle mich darin auch im Nachhinein bestätigt. Denn wenn einer so rücksichtslos im Durchsetzen seiner eigenen Position ist, wie schwach auch immer diese Position sein mag, dann kann man dem nur gewachsen sein, wenn man selbst auch einigermaßen entschlossen ist. Wenn man zu nachgiebig ist, erreicht man gar nichts. Jedenfalls wünsche ich Tsipras, dass er Erfolg hat. Ich habe gehofft, dass er die Wahl gewinnen würde: Er hat unterschrieben, er muss es jetzt auch implementieren. Wenn er das Programm umsetzt, wird es gehen, so wie es übrigens auch bei Samaras gegangen wäre. Wer weiß: Wenn Griechenland das schafft, werde ich – da bin ich dann allerdings schon gestorben – irgendwann dort womöglich noch ein Held sein, weil ich geholfen habe, den richtigen Weg einzuschlagen.

SEUX: Die Frage, die sich nun stellt, sechs Monate nach der letzten Vereinbarung zwischen Griechenland und seinen Gläubigern: Warum soll der beschlossene Plan jetzt funktionieren? Die verschiedenen, seit 2009 ins Werk gesetzten Pläne und politischen Strategien haben nichts gebracht, man hört, dass der IWF schon wieder eine Umstrukturierung fordert. Die Wirtschaftskraft in Griechenland sank seit 2009 um 25 Prozent, Griechenland ist in der Rezession. Warum also soll der gemeinsam beschlossene Plan gerade jetzt funktionieren? Der IWF fordert weiterhin eine Restrukturierung der Schulden.

SAPIN: Zunächst noch einen kleinen Schritt zurück. Eins der heiklen Themen war – wie übrigens schon zuvor und noch immer – der Umgang mit der Frage der Schulden. Der einzige politisch gangbare Weg für Tsipras, seinem Volk ein hartes Programm zu verkaufen, bestand darin, zu sagen: Es wird Lockerungen geben. Tsipras hat den Griechen etwas angeboten, was etwas ganz anderes, um nicht zu sagen das Gegenteil dessen war, was er während des Wahlkampfs in Aussicht gestellt hatte. Damit ist er vor die Wähler getreten, und die haben ihm recht gegeben. Er hat nicht vier oder fünf Jahre gewartet, nein, er hielt es für notwendig, sich zum gegebenen Zeitpunkt dem Votum der Wähler zu stellen.

Seux: Aber warum soll das gerade jetzt funktionieren?

Sapin: Zunächst, weil ich glaube, dass Griechenland wirtschaftlich dermaßen gelitten hat, dass irgendwann …

Dominique Sapin: … nach dem Winter der Frühling kommt.

Sapin: Ja, irgendwann ist es soweit, und die Dinge kommen wieder in Gang.

Das zweite ist, dass ich glaube, dass nur Syriza in der Lage sein wird, das fragliche Programm umzusetzen. Das gilt für den im engeren Sinne budgetären Bereich, die Aufwendungen für die Renten zu senken und dafür zu sorgen, dass Steuern hereinkommen, auch das ist nötig, um den Haushalt auszugleichen. Aber auch für den strukturellen Bereich: den Kampf gegen den Steuerbetrug, die Reform der Steuerbehörden und die Verwaltung der öffentlichen Unternehmen, die gegenwärtig katastrophal ist. Paradoxerweise ist diese Regierung sehr viel besser in der Lage, ein Austeritätsprogamm umzusetzen.

Seux: Sie haben auf politischer Ebene geantwortet, aber wie stellt sich das ökonomisch dar?

Sapin: Ich höre in Frankreich die Stimmen, die sagen, das Programm bedeute doppelt so viel Austerität. Das glaube ich nicht. Ich meine, es handelt sich um ein Programm, das aus keynesianischer Sicht, hinsichtlich der Auswirkungen auf die Nachfrage, weniger hart ist als das voraufgegangene Programm. Vertrauen ist dabei ein ganz wichtiger Parameter. Wenn es Griechenland gelingt, wieder ein Klima des Vertrauens zu schaffen, werden auch die Investoren zurückkommen. Daraufhin kann sich recht schnell eine positive Dynamik entwickeln, und das Wachstum kann wieder in Gang kommen. Es kommt darauf an, dass die Reformen umgesetzt werden, auf die »Implementation«, wie Wolfgang gesagt hat. Ich bin überzeugt davon, dass Tsipras in der Lage ist, das zu tun. Aber es bleibt die Frage der Schulden, und das liegt in unserer Verantwortung. Alle, und in erster Linie Frankreich und Deutschland, müssen sich an einen Tisch setzen, um eine Lockerung der Schulden zu ermöglichen, und das muss schnell geschehen.

SCHÄUBLE: Es wurden ja auch schon erste Entscheidungen getroffen, nehmen Sie die Rentenreform. Ich weiß, dass das alles andere als einfach ist, so etwas wäre auch im deutschen Parlament nicht leicht durchzusetzen und in Frankreich auch nicht. Natürlich muss Griechenland – und das kann in der Tat Syriza besser als PASOK und Nea Dimokratia, weil diese im alten System gefangen waren – eine leistungsfähige und objektive Steuerverwaltung aufbauen. Und es muss die Korruption, insbesondere im Gesundheitswesen, zurückdrängen. So etwas wird niemals zu hundert Prozent gelingen, aber Syriza kann das als neue Partei besser als die alten Parteien. Varoufakis, der ja viele sehr intelligente Dinge gesagt hat, hat einmal erklärt: »Wir sind die einzige Partei, die nicht korrupt ist, weil wir neu sind. Wir sind noch nicht korrupt, weil wir so neu sind.«

Darin liegt ja die große Chance. Ich glaube, dass dieses Programm funktionieren kann. Es ist hart, aber es ist sinnvoll. Im Übrigen fehlt es ja auch nicht an Mitteln, um in Griechenland zu investieren, es fehlt an den Möglichkeiten. Das ist nicht eine Frage des Geldes, sondern eine Frage der Leistungsfähigkeit der Institutionen.

WICKERT: Sie haben gerade erwähnt, dass Syriza vieles tun kann, weil es eben eine neue Partei sei. Und vorhin sagten Sie, dass Renzi in Italien einen ganz guten Job macht. Und man hat ja auch da den Eindruck: In Italien geht es auch nur, wenn man bereit ist, einen Neuanfang zu machen.

SCHÄUBLE: Das hängt mit dem dortigen Parteiensystem der Nachkriegszeit zusammen. Das italienische Parteiensystem war sehr müde geworden, und deswegen wurde es zum Opfer dieses Zangengriffs durch die Lega Nord und Berlusconi. Daraus müssen sie sich wieder herausstrampeln, und Renzi ist dabei, dies zu tun. Man muss ja in der Politik immer auch Mehrheiten organisieren. Aber ich sehe eine große Chance, dass Renzi dies gelingen kann. Italien ist ein starkes Land. Spanien ist auch auf einem Weg, den vor ein paar Jahren niemand für möglich gehalten hätte.

SEUX: Es befindet sich auf dem aufsteigenden Ast mit einer Arbeitslosigkeit von 23 Prozent!

SCHÄUBLE: Aber eine hohe Arbeitslosigkeit geht nicht über Nacht zurück. Das sind die Versprechungen von Demagogen, die dann alles nur noch schlimmer machen.

Eine hohe Arbeitslosigkeit geht nur zurück, indem man kontinuierlich seinen Weg verfolgt.

SEUX: Haben Sie Angst vor PODEMOS, die in Spanien bei den Wahlen im Dezember 2015 einen erheblichen Stimmenteil erhielten?

SAPIN: Man darf nie vor der Demokratie Angst haben, man muss sie nehmen, wie sie ist.

SCHÄUBLE: Demokratie ist kompliziert, aber sie ist mit Abstand das Beste, was wir haben.

SEUX: Eine Frage an Sie beide zu diesem Thema: Als die Bundeskanzlerin und der französische Präsident im Oktober 2015 vor dem Europäischen Parlament sprachen, hat Marine Le Pen François Hollande den Vizekanzler von Angela Merkel genannt. Wie war Ihre Reaktion darauf? Und wie reagieren Sie auf die scharfe, auch persönliche Kritik, die über Jahre hinweg im Verhältnis von Deutschland zu Griechenland zu hören war, und auf die vielen aggressiven Karikaturen?

SAPIN: Das Wort Vizekanzler hat mich nicht so sehr schockiert. Ich weiß gar nicht, gibt es das überhaupt in Deutschland?

SCHÄUBLE: Ja, Sigmar Gabriel ist Vizekanzler.

SAPIN: Ja, richtig. Es war nicht so sehr das Wort selbst als vielmehr der vulgäre Ton und die Entwürdigung der Funktion des Präsidenten und in der Folge davon Frankreichs vor allen anderen europäischen Nationen – das war höchst schockierend. Von einem Land, von welchem auch immer, zu sagen, es stehe unter Befehl des Nachbarlandes – und das im historischen Kontext der Beziehungen Frankreichs und Deutschlands in schlechten wie in guten Zeiten –, das ist einfach unerträglich. Wirklich unerträglich.

WICKERT: Herr Schäuble, haben die Karikaturen in Griechenland Sie persönlich getroffen?

SCHÄUBLE: Nein, die Karikaturen in Griechenland haben mich nicht getroffen, weil ich mir sage: Wer solche Karikaturen macht, wird von mir nicht hochgeschätzt. Aber natürlich ist es für Deutschland nicht schön, dass wir im Moment so gesehen werden, als wären wir diejenigen, die Europa zerstören wollten. Und dass der Eindruck entstanden ist, wir würden uns gegen die anderen unerbittlich durchsetzen. Dabei habe ich mich an eins erinnert: Ich bin immer vom IWF ermahnt worden, nicht so großzügig gegenüber Griechenland zu sein, weil jedes Mal, wenn einer der früheren griechischen Finanzminister oder auch Herr Samaras mich oder die Kanzlerin angerufen hätten, die Bereitschaft der griechischen Behörden, mit der Troika zusammenzuarbeiten, nachgelassen habe. Weil man sich in Griechenland sagte: Die Deutschen werden uns wieder ein Stück weit helfen. Und daher ist meine Überzeugung: Wir müssen darauf achten, dass Europa leistungsfähig bleibt und dass Vereinbarungen eingehalten werden – oder dass man zumindest versucht, sie einzuhalten. Auf der anderen Seite bemühe ich mich auch immer darum, hilfreich zu sein, wenn andere Länder Probleme haben. Denn das ist unsere Aufgabe als bevölkerungsreichstes Land in der Mitte Europas, das Europa am meisten verdankt: die anderen zu unterstützen und ihnen zu Hilfe zu kommen.

V

Rückkehr der Geschichte

SEUX: In unserem letzten Gespräch wollen wir vor allem über zwei Themen sprechen: über die neue Art von Terrorismus und über die Flüchtlingskrise. Im Anschluss daran werden wir uns noch mit der Energiepolitik und einigen anderen Themen beschäftgen.

Frankreich hat im Jahr 2015 zwei dramatische Terror-Attacken erlebt – die vom 7. bis 9. Januar und die Anschläge vom November – mit insgesamt fast 150 Toten. Deutschland hat erlebt, wie eine Millon von Flüchtlingen auf seinem Gebiet ankamen, und der Zulauf hält an. Diese beiden Krisen sind unterschiedlicher Natur, aber sie zeigen beide auf recht schreckliche Weise die weltweiten Turbulenzen. Werden die beiden Krisen Europa verändern?

SCHÄUBLE: Meine Antwort ist ganz klar: Diese Krisen werden Europa stärken. Vielleicht nicht unmittelbar, im Augenblick haben wir eine kritische Situation, aber im Endeffekt wird Europa stärker sein, weil die Menschen verstehen werden, dass diese Krisen nicht national, sondern nur europäisch gelöst werden können. Ich habe es schon vor den Anschlägen von Paris gesagt: Die Flüchtlingskrise ist ein Rendezvous mit der Globalisierung. Die ist kein neues Phänomen, aber nie zuvor haben sich die Folgen so konkret gezeigt. Das Flüchtlingsproblem ist ein globales Problem, und es betrifft uns alle. Das Gleiche gilt für die asymmetrische Ausübung von Gewalt mit terroristischen Mitteln, wie wir sie heute sehen, sie ist das größte Risiko für die Stabilität dieses Jahrhunderts. Und jetzt betrifft es auch uns in Europa. Ich könnte noch die Klimapolitik nennen: Der UN-Klimagipfel in Paris im Dezember 2015 war wohl die wichtigste Veranstaltung des vergangenen Jahres. Wir können all diese Dinge nicht mehr national bewältigen, und deswegen ist Europa die richtige Antwort.

SEUX: Verschiedene Intellektuelle sagen, mit diesen Krisen sei die Geschichte nach Europa zurückgekehrt. In der Zeit des Friedens ging es einzig um die Wirtschaft, das Thema der Reichen im Grunde. Und nun kehrt die Geschichte massiv nach Europa zurück. Würden Sie das auch so sehen?

SCHÄUBLE: Ja, das erkennen wir zum Beispiel im Fall der Ukraine. Aber im Grunde war die Geschichte nie abwesend. Die Deutschen haben womöglich mehr als die Franzosen geglaubt, dass sich die Geschichte verabschiedet hätte. Frankreich war sich immer dessen bewusst, dass die Ereignisse in der Welt große Auswirkungen auf die eigene Politik haben. Jetzt machen auch die Deutschen diese Erfahrung und müssen daraus die Konsequenzen ziehen. Aber ich bin sicher, das wird gelingen. Denn die Antwort kann ja nicht sein, dass wir die Fehler der Geschichte wiederholen – unter den Bedingungen eines Jahrhunderts, das in vielerlei Hinsicht ganz anders ist als frühere Jahrhunderte. Wir müssen die richtigen Konsequenzen ziehen.

SAPIN: Es handelt sich hierbei in Wahrheit ja nicht nur um einzelne Ereignisse, sondern um eine anhaltende Entwicklung. Die Flüchtlingskrise mit ihrem Bevölkerungszustrom kann andauern, und vor allem wird die Integration der Flüchtlinge in jede unserer Gesellschaften Zeit brauchen. Was den islamistischen Terrorismus anbetrifft: Er ist ja kein neues Phänomen und er wird auf die eine oder andere Art weiter existieren, jedenfalls als Drohung, gegen die wir uns verteidigen können müssen. Europa wird sich angesichts dessen zwangsläufig verändern. Für Europa ist dies ein entscheidender historischer Moment, und wir sehen, dass sich unter den 28 Mitgliedsstaaten der EU im Umgang mit diesen Problemen große Differenzen auftun. Wir erleben in einigen Ländern die Wiederkehr von Grenzzäunen und Stacheldrähten. Die Frage ist, ob dies zum Auseinanderbrechen Europas führen kann. Oder wird Europa im Gegenteil angesichts der Herausforderung und der Tatsache, dass ein einzelnes Land allein diese Probleme unmöglich lösen kann, gestärkt, sowohl in seiner Identität als auch in seiner Handlungsfähigkeit?

SEUX: Das Auseinanderbrechen ist also denkbar?

SAPIN: Ich glaube, dass es eine der denkbaren Gefahren ist. Dessen sollte sich jeder bewusst sein, denn das Auseinanderbrechen beträfe nicht nur den Aspekt der inneren Sicherheit in Europa, sondern alle Pfeiler des europäischen Gebäudes. Es wäre ein gigantischer Rückschritt und extrem gefährlich. Es würde die Rückkehr des Nationalismus in jenen Teilen Europas bedeuten, die sich mit dem Aufbau Europas doch gerade vom Nationalismus befreit hatten. Warum gehören denn manche Balkanländer noch nicht zur Europäischen Union? Weil sich dort der Nationalismus gehalten hat. Ich will nicht, dass wir dahin zurückfallen.

An dieser Wegscheide also stehen wir heute. Das sollte jedem klar sein, und man muss es den Bürgern Europas deutlich machen, damit sie die richtige Haltung dazu einnehmen, nämlich den Aufbau Europas zu verstärken. Meine heutige Stimmung und auch ein gewisser Sinn für Realität bringen mich dazu – ebenso wie Wolfgang – zu glauben, dass dies zu einer Stärkung der Europäischen Union führen wird – verbunden mit der Sicherung unseres Territoriums und unserer Grenzen. Aber das ist kompliziert. Der Definition nach ist eine Grenze die Umfassung eines Territoriums. Aber wo verlaufen unsere Grenzen? Die terroristischen Akte haben auf unserem Territorium stattgefunden. Aber man sieht heute, dass die Aufnahme von Flüchtlingen Regeln folgt, die sich von einem Land zum nächsten unterscheiden – auch wenn wir uns alle auf dieselben internationalen Verträge beziehen. Dabei geht es darum, dass sich in vielen unserer Länder, auch in Frankreich, die Frage nach der Souveränität stellt, nach dem Schutz des Territoriums. Das ist eine außerordentlich wichtige Frage, die zu starken politischen Spaltungen führt.

WICKERT: Der Präsident der Republik hat sofort nach den Pariser Terroranschlägen vom 13. November gesagt, wir befinden uns im Krieg. Ist Frankreich im Krieg?

SAPIN: Ja, da der Präsident der Republik es gesagt hat! Dasselbe würde Wolfgang antworten, wenn die Kanzlerin es gesagt hätte. Aber wir befinden uns in einer besonderen Art von Krieg. Die Kriege von heute sind asymmetrisch, das heißt, eine zivilisierte, geordnete Nation, die die Freiheitsrechte schützt und Achtung vor dem Leben hat, auch vor dem Leben der anderen, wer sie auch seien, muss gegen Leute kämpfen, die keines dieser Prinzipien teilen und keinerlei Achtung vor dem Leben der Menschen haben, weder vor dem eigenen noch dem der anderen.

Diese Terroristen beanspruchen für sich selbst einen Staat, den »Islamischen Staat«. In Syrien und anderswo wird mit Flugzeugen und auch mit Soldaten – nicht unbedingt den unseren – gekämpft. Daher erscheint mir die Formulierung »Krieg« gerechtfertigt. Sie wurde verwendet, um den Franzosen klarzumachen, dass dieser Kampf dauern wird, dass es nicht schnell vorbei sein wird.

SEUX: War Deutschland überrascht von dieser Wortwahl?

SCHÄUBLE: Ich sehe das genauso wie Michel.

WICKERT: Aber würden Sie auch das Wort »Krieg« benutzen?

SCHÄUBLE: Das Wort hat in jeder Sprache und in jedem Volk eine unterschiedliche Bedeutung. Wenn es gelingt, zu erklären, dass es ein neue Form des Krieges ist, ein asymmetrischer, dann habe ich auch kein Problem damit, das als Krieg zu bezeichnen. Wenn ich allerdings daran denke, was das Wort »Krieg« bei den Deutschen auslöst an Erinnerungen und Erfahrungen, dann ist es kein Krieg in diesem Sinne. Man muss also in der Wortwahl ein bisschen vorsichtig sein. Aber zusammen mit dem Adjektiv »asymmetrisch« würde auch ich das Wort verwenden – ich habe es übrigens auch schon.

WICKERT: Es gab Journalisten, die sogar vom Dritten Weltkrieg gesprochen haben, aber Sie, Herr Schäuble, und auch Verteidigungsministerin Ursula von der Leyen sprechen von »asymmetrischer Gewalt« – sie spricht ebenfalls nicht von einem Krieg. Das hat sicher auch etwas mit unserer Identität und der deutschen Geschichte zu tun.

SCHÄUBLE: Ja, aber ich glaube, die Verwendung des Wortes »Krieg« in den französischen Debatten wird in der deutschen Öffentlichkeit nicht besonders kritisiert.

SAPIN: Ich möchte meinen Gedankengang noch ein klein wenig weiterführen. Die Ereignisse zwingen uns dazu, die Frage nach der Übertragung von Souveränität neu zu stellen. Wir haben die monetäre Souveränität miteinander geteilt, und wir reden darüber, im wirtschaftlichen Bereich weiter voranzuschreiten, aber auf dem Gebiet der inneren Sicherheit haben wir bislang keine Souveränität übertragen. Hier haben wir nichts geschaffen – weder auf gemeinschaftlicher noch auf föderaler Ebene. Lediglich auf intergouvernementaler Ebene arbeiten wir zusammen, indem die Polizei und die Justiz unserer Länder gegenseitig Informationen austauscht. Eine andere Frage ist: Ist Europa imstande, auf dem Gebiet der Außenpolitik in all diesen Fragen eine gemeinsame europäische Antwort zu geben? Müsste nicht Europa die Möglichkeiten erhalten, bei all dem, was heute im Irak, in Libyen und in Syrien geschieht, seinen Einfluss geltend zu machen? In den letzten Monaten haben wir versucht, mit der Türkei zusammenzuarbeiten. Dies ist unbedingt nötig. Wir brauchen eine aufrichtige gemeinsame Außenpolitik. Heute vertritt eine junge Frau, Federica Mogherini, die Europäische Union nach außen. Sie macht ihre Arbeit gewiss sehr gut, aber niemand glaubt, dass sie die gemeinschaftlichen Ansichten der Europäer wiedergibt. Nach ihr äußern sich die Minister jedes unserer Länder, bei manchen Themen abweichend, sogar im Gegensatz zu ihr. Die Krise zwingt uns nun dazu, weiterzudenken. Die Frage der gemeinsamen Verteidigung haben wir schon erwähnt. Wir wissen um die verschiedenen Traditionen und die unterschiedlichen Verfassungen in den einzelnen Ländern, aber wir müssen hier vorangehen.

SEUX: Seien wir doch deutlich. Wünscht sich Frankreich, dass Deutschland seine Tradition der letzten siebzig Jahre revidiert, sich nicht an Kriegshandlungen jenseits seines Territoriums zu beteiligen?

SAPIN: Wenn wir das gleiche Ziel verfolgen, können wir auch so sehr gut handeln, ohne Prinzipien infrage zu stellen. Wenn Deutschland Vorbehalte gegen den Begriff Krieg hat, dann weiß es, wovon es redet. Aber dies ist ein historischer Moment, in dem uns der Terrorismus dazu zwingt, die Dinge zu Ende zu denken.

SCHÄUBLE: Deutschland ist ja nicht nur in der Verwendung des Wortes »Krieg« ein bisschen zurückhaltender als Frankreich, sondern auch in der Anwendung militärischer Gewalt. Die Gründe dafür sind einleuchtend, sie liegen in unserer Vergangenheit. Bis zur deutschen Wiedervereinigung 1990 hat sich auch kaum jemand in Europa darüber beklagt. Und wir selbst haben es als ganz angenehm empfunden, damit so wenig wie möglich zu tun zu haben. Nun sind wir dabei, umzudenken. Wenn Frankreich jetzt sagt: »Das ist ein Krieg«, kritisieren wir das auch nicht. Dann müssen wir solidarisch sein. Und es ist ja ein großer Schritt, den wir gegangen sind, wenn man die Ausgangslage bedenkt. Wie immer man das deutsche Mandat in Syrien auch betrachtet, es ist kein so großer Unterschied, ob wir jetzt Aufklärung liefern oder bombardieren. Vor allen Dingen kann es nicht mehr den Vorwurf geben, die Deutschen würden Entscheidungen vermeiden, die das Risiko von Anschlägen in Deutschland vergrößern könnten.

WICKERT: Militärische Maßnahmen sind das eine, aber damit werden wir das Problem nicht lösen. Wir müssen auch die Finanzströme des Islamischen Staates kappen. Das hätte man schon sehr viel früher machen können. Man weiß, dass das Geld für die Terroristen aus Katar und aus Saudi-Arabien kommt. Da hat man politisch nicht energisch interveniert, im Gegenteil: Sowohl die Franzosen wie auch die Deutschen machen immer weiter ihre Geschäfte und verkaufen sogar Waffen dorthin. Der Menschenhandel des Islamischen Staates spielt sich in der Grenzregion der Türkei ab, das Ölgeschäft wird über schwarze Kanäle über die Türkei getätigt. Warum tut man nichts dagegen?

SAPIN: Hier gilt es, Vorurteile auszuräumen. In jedem unserer Länder kann es Leute oder Gruppen geben, die an der Finanzierung des Terrorismus beteiligt sind. Aus diesem Grund müssen wir den Kampf gegen den Terrorismus auf globaler Ebene – der Sicherheitsrat der Vereinten Nationen hat sich am 17. Dezember 2015 damit beschäftigt –, auf europäischer Ebene und in jedem einzelnen Land führen. Frankreich und Deutschland haben ihre Kräfte für diesen Kampf mobilisiert.

SEUX: Was sind Ihrer Meinung nach die Ursachen des Terrorismus? In Frankreich wird viel darüber debattiert, aber es wäre interessant zu erfahren, wie das in Deutschland gesehen wird: Gibt es eine Mitverantwortung der jeweiligen Länder, in denen es zu Anschlägen kommt? Gibt es gesellschaftliche Erklärungen? Oder liegen die Ursachen ganz woanders?

SCHÄUBLE: Es gibt sicherlich viele Gründe, aber ich glaube, im Kern geht es um den Widerstand gegen den rasanten Prozess der Modernisierung der Welt. Ich glaube, eine der grundlegenden Ursachen ist, dass der Islam keine Epoche der Aufklärung durchgemacht hat. Dazu kommen die wachsenden Ungleichheiten in der Welt, die mit der Globalisierung einhergehen – die Unterschiede zwischen denen, die sehr reich sind, und denen, die nicht sehr reich sind, werden zunehmend größer. Und durch die globale

Kommunikation werden diese Unterschiede stärker wahrgenommen. Das ist das Spannungsfeld. Man darf auch nicht vergessen: Die Drahtzieher des Terrorismus sind ja meist recht intelligente Leute, die es schaffen, mit irgendwelchen Fanatismen Menschen für sich zu mobilisieren und aus ihnen Selbstmordattentäter zu machen, also Leute, die glauben, man könnte sich gegen die Ungerechtigkeiten der Welt auf diese Weise wehren. Das ist aber auch nicht neu in der Geschichte.

SEUX: Das Argument der zunehmenden Ungleichheit ist sehr interessant.

SCHÄUBLE: Man darf aber auch nicht vergessen: Ungerechtigkeiten gibt es nicht nur in der globalen Welt, es gibt sie in jeder Gesellschaft. In der einen mehr, in der anderen weniger. Es ist auch nicht nur eine soziale Frage. Die Attentäter von 9/11 hatten schrecklicherweise in Hamburg ihre Zelle gebildet und nicht etwa im Brüsseler Stadtteil Molenbeek. Sie stammten nicht aus sozial besonders benachteiligten Verhältnissen.

WICKERT: Sie waren Akademiker.

SEUX: Monsieur Sapin, was sind Ihrer Meinung nach die Ursachen?

SAPIN: Sicher ist es nötig, Erklärungen zu finden, es darf aber keine Entschuldigungen geben. Es gibt äußere Gründe wie etwa die Instabilität von gewissen Staaten, die ein Machtvakuum schafft und die Ausbreitung von extremistischen Bewegungen ermöglicht. Das traf schon für Afghanistan, für Mali und Libyen zu, und heute sehen wir es im Irak und in Syrien. Es gibt aber auch innere Gründe, etwa die Konzentration von Bevölkerungen auf einem Gebiet unter Bedingungen, die ihre Integration nicht fördern.

Aber das alles ist keine Entschuldigung. Wolfgang sagte es schon: Die Drahtzieher sind ja oft in ihrem Land durchaus integriert und hatten in ihrem Leben auch nicht unbedingt besondere Schwierigkeiten – es sind also keine Menschen, für die man irgendeine Entschuldigung finden könnte. Es kann nicht die mindeste Entschuldigung für das vollkommene Fehlen von Menschlichkeit geben. Wenn man sich die Massaker anschaut, gibt es dafür keine Entschuldigung. Man kann ja nicht sagen, dass sie Probleme in der Schule hatten oder seitens der Bevölkerung Rassismus erlebten, berechtige sie zu solchen Reaktionen. Das ist unmöglich.

SEUX: Könnte man eine Parallele zur Baader-Meinhof-Bande ziehen oder zur Action Directe in den siebziger Jahren? Oder zu den Roten Brigaden in Italien?

SAPIN: Ich glaube, deren Fanatismus stützte sich auf andere Argumente. Doch die Auswirkungen sind schlussendlich die gleichen. Die sogenannten gesellschaftlichen Erklärungen, die zur Entschuldigung werden könnten, basieren auf gesellschaftlichen Tiefenphänomenen, auf dem Mangel an Homogenität der Bevölkerung, dem Mangel an Integration und Erziehung. All das kann einiges erklären, aber, ich wiederhole es, es darf nichts entschuldigen. Deshalb muss man den Terrorismus mit größter Entschlossenheit bekämpfen. Danach wird man natürlich auch die geeigneten politischen Maßnahmen ergreifen. Zum Glück werden nicht alle, die in ihren Vierteln Probleme haben, zu Terroristen.

SEUX: Die Freizügigkeit ist eines der Grundprinzipien Europas, jedenfalls seit dem Schengen-Abkommen von vor fünfzehn Jahren. Nach den Anschlägen vom November 2015 haben Frankreich und auch andere Länder Kontrollen an den Grenzen wiedereingeführt. Wird dies andauern, halten Sie es für wünschenswert? Es gibt ja in verschiedenen Ländern, auch in Frankreich, politische Parteien, die die nationalen Grenzen wiedereinführen wollen. Welche Maßnahmen sind nötig, um die Sicherung der europäischen Außengrenzen zu gewährleisten? Muss man die Überwachung der Außengrenzen internationalisieren beziehungsweise zur Gemeinschaftsaufgabe machen?

SCHÄUBLE: Man muss sich mit den Besorgnissen in der Bevölkerung auseinandersetzen. Aber man muss sich darüber im Klaren sein, dass es in der Welt des 21. Jahrhunderts Problementwicklungen gibt, die man im Schutz von nationalen Grenzen nicht lösen kann. Ich kann Finanzmärkte nicht mehr national regeln – damit beschäftigen Michel und ich uns normalerweise mehr als mit anderen Dingen. Das Internet und die Datenströme sind global, auch das lässt sich nicht national beherrschen. Wir wollen unseren Wohlstand, den wir dem freien Handel verdanken, doch nicht aufgeben. Und deswegen glaube ich: Die Wiedereinführung von nationalen Grenzen mag zwar die Menschen beruhigen, sie mag auch kurzfristig ein Instrument sein, aber sie löst die Probleme auf Dauer nicht. Was wir für unsere Sicherheit in Europa brauchen, ist ein stärkerer Austausch von Informationen. Wahrscheinlich braucht es auch auf diesem Feld in Deutschland eine bessere Balance. Für mein Gefühl gibt es, was die Nachrichtendienste betrifft, eine etwas übersteigerte Besorgnis in Deutschland. Wir haben vor den Anschlägen von Paris noch nicht einmal den Austausch von Passagierdaten von europäischen Fluggesellschaften erreichen können – aus Gründen des Datenschutzes. Auch dass wir uns bei Finanztransaktionen auf die Organisation SWIFT stützen statt auf ein eigenes europäisches System, hat damit zu tun, dass wir in Europa den Datenschutz derart hochhalten. Angesichts der Risiken von heute brauchen wir vernünftige Lösungsinstrumente, wir können uns hier nicht auf die Instrumente des 19. Jahrhunderts verlassen.

SEUX: Und die Außengrenzen Europas? Wer soll sich darum kümmern?

SCHÄUBLE: Man muss über die europäischen Außengrenzen natürlich eine gewisse Kontrolle gewinnen. Es wird dabei aber keine hundertprozentige Perfektion geben können. Wir werden die Außengrenzen der EU nicht derart kontrollieren können wie die Vereinigten Staaten von Amerika ihre Grenzen: Sie können an der Grenze zu Mexiko einen Zaun bauen, und aus Kanada gibt es keinen Migrationsdruck wie aus Mexiko. Es bleiben dann noch Flug- und Seehäfen zu kontrollieren. Wer sich hingegen die Landkarte Europas anschaut, weiß, dass es hier nicht so einfach ist. Im Augenblick beschäftigen wir uns sehr mit der Grenzsicherung im Mittelmeer. Wenn aller- dings – und das ist nicht auszuschließen – in der Ukraine etwas Größeres passieren sollte, werden unsere polnischen Freunde sehr viel mehr Solidarität von Europa einfordern.

SEUX: Noch einmal: Wer sichert die Außengrenzen?

SAPIN: Heute tut das jeder Staat, der Mitglied des Schen- gen-Abkommens ist.

SEUX: Mehr schlecht als recht. Wie wird es morgen sein?

SAPIN: Schengen zeigt seine Grenzen, besonders bei Staa- ten mit einer schwachen Verwaltung und wenig Mitteln. Als erstes denkt man da natürlich an Griechenland. Was mich betrifft, glaube ich, dass die Freizügigkeit innerhalb der EU bziehungsweise des Schengen-Raums ein grund- legendes Prinzip ist – ein wirklich grundlegendes Prinzip. Wenn die Freizügigkeit infrage gestellt wird – ich meine nicht durch punktuelle Kontrollen –, bricht eines unserer großen Prinzipien zusammen. Man könnte dann immer noch eine Armee, eine gemeinsame Diplomatie aufbauen und Mittel für den Kampf gegen den Terrorismus bereit- stellen, doch man hätte die europäische Dynamik vollkom- men zerstört. Man kann daran arbeiten, die Bewegung von Geldern und Personen auf unserem gemeinsamen Gebiet besser zu kontrollieren; daran, bessere Informationen zur Identität, Herkunft und dem Milieu zu erhalten, in dem die einen oder anderen in Belgien, Deutschland, Italien oder Frankreich leben. Aber die Freizügigkeit darf nicht aufgehoben werden, sie ist unabdingbar. Dies macht es umso wichtiger, dass wir wirklich in der Lage sind, unsere Außengrenzen zu kontrollieren.

Die Frage ist: Soll das jeder allein oder zusammen mit seinen Nachbarn regeln, oder wird es irgendwann zu einer echten Unions-Politik kommen? In meinen Augen muss dies am Ende Unions-Politik sein. Aber die Wahrheit ist: Wir müssen jetzt sofort gegen den Terrorismus kämpfen, wir können nicht warten, bis dieses Ziel erreicht ist. Wir müssen uns sofort besser koordinieren. Und wenn nötig, die Mittel bereitstellen, über die jedes unserer Länder verfügt, um eine bessere Kontrolle der Außengrenzen zu erreichen. So, wie wir es im Mittelmeer mit Frontex machen.

SEUX: Es bräuchte französische und deutsche Zollbeamte in Griechenland?

SAPIN: Im Endeffekt ja. Aber angesichts der drängenden Lage muss unsere erste Aufgabe sein, die vorhandenen Behörden zu unterstützen und ihnen bessere Mittel zur Verfügung zu stellen. Die außergewöhnliche Situation – die vielen Migranten, die das Mittelmeer überqueren und auf den griechischen Inseln ankommen – macht außergewöhnliche Mittel notwendig.

SEUX: Und Sie, Herr Schäuble, glauben Sie, dass es in zehn, fünfzehn Jahren eine gemeinsame Grenzpolizei geben wird, oder nicht?

SCHÄUBLE: Es wird eine gemeinsame Grenzpolizei geben, aber es ist nicht entscheidend, ob es eine europäische Polizei ist oder eine jeweils nationale Polizei, die aber europäische Regeln anwendet. In Deutschland werden ja auch viele gesamtstaatliche Aufgaben durch die Bundesländer vollzogen, wir haben darüber gesprochen. Aber natürlich brauchen die Mitglieder der EU, die Außengrenzen haben, auch jetzt schon die Unterstützung der Gemeinschaft. Das ist der Kern des europäischen Systems.

WICKERT: Reden wir über die Integration der Flüchtlinge. Glauben Sie, dass Frankreich sich mehr um die Integration bemühen kann und muss?

SAPIN: In Bezug auf die Menschen, die schon länger auf unserem Territorium leben, oder auf jene, die noch kommen werden?

WICKERT: In Bezug auf die, die jetzt dort leben.

SAPIN: Ja, natürlich müssen wir uns um Integration bemühen. Frankreich lehnt die Idee des Kommunitarismus – wenn man böse sein will, nennt man das Ghettos – aus kulturellen und politischen Gründen ab. Anderswo, etwa in angelsächsischen Ländern, wird der Kommunitarismus zugelassen, für uns widerspricht das unseren Prinzipien. Man muss die Möglichkeit schaffen, sich in eine Gesamtheit zu integrieren, die, was die Herkunft angeht, sehr heterogen ist und auch sehr heterogen in Bezug auf die Religion oder Philosophie oder Politik sein kann, aber zu einer Einheit gehört, die man das französische Volk nennt. Es gibt also Integrationsanstrengungen, sei es in der Stadtplanung, im Wohnungsbau, in der Erziehung …

WICKERT: Aber trotzdem haben Sie Ghettos?

SAPIN: Ja, in der Realität ist es so, obwohl wir viele Regelungen haben, die dem entgegenstehen. Zum Beispiel darf es an keinem Ort zu einer fortgesetzten ethnischen Konzentration kommen. Aber man muss auch die Kapazitäten haben, eine Politik der Durchmischung der Bevölkerung durchzusetzen. Ja, wir müssen uns bei der Bevölkerung von heute um mehr Integration bemühen.

WICKERT: Aber die Frage ist doch: Warum hat das bis jetzt nicht funktioniert?

SAPIN: Die Herkunft und die Geschichte der Menschen, die zu uns gekommen sind und weiter zu uns kommen, ist sehr verschieden.

SEUX: Ist es komplizierter, Menschen aus dem Maghreb aufzunehmen als Menschen aus der Türkei?

SAPIN: Das ist nicht der Punkt. Das Schwierige ist, dass wir eine ehemalige Kolonialmacht sind. Wir nehmen also hauptsächlich Menschen aus unseren ehemaligen Kolonien auf.

SEUX: Die Kolonialzeit ist aber seit sechzig Jahren vorbei!

SAPIN: Ja, aber im Kopf von vielen eben nicht. Die Algerier, Marokkaner, Malier, Kameruner etc. haben eine ambivalente Beziehung zu Frankreich. Es ist ihr Land, und gleichzeitig gibt es eine Abwehrreaktion, die als Ablehnung Frankreichs verstanden werden kann.

WICKERT: Das Thema Integration beschäftigt Deutschland ebenso wie Frankreich. Sie, Herr Schäuble, waren ja selbst Innenminister und als solcher ebenfalls damit befasst. Wie sind Sie das angegangen?

SCHÄUBLE: Ich habe damals die Islamkonferenz ins Leben gerufen. Das geschah im Übrigen nach französischem Vorbild, die Anregung kam von Nicolas Sarkozy, der damals Innenminister war. Die Idee, die hinter der Islamkonferenz stand, war: Wir müssen zum einen die Deutschen dazu bringen, sich damit zu beschäftigen, dass Millionen Muslime in unserem Land leben. Zum anderen müssen wir den Muslimen sagen, was es heißt, in einem europäischen Land zu leben. Und je besser uns beides gelingt, desto besser funktioniert das Zusammenleben.

SEUX: Herr Schäuble, was die Flüchtlinge angeht, denken viele Europäer, jedenfalls eine beträchtliche Zahl von Franzosen, dass Sie die Arme deshalb so weit ausbreiten, weil Sie aus demographischen Gründen einen Bedarf an Zuwanderung haben. Ist Deutschland großzügig, weil es ein Problem mit dem Bevölkerungswachstum und in dessen Folge bald einen Mangel an Arbeitskräften hat?

SCHÄUBLE: Nein, das ist nun wirklich überhaupt kein Motiv. Natürlich haben wir einen gewissen Bedarf an Zuwanderung. Bisher wurde uns ja stets vorgeworfen, wir seien in der Begrenzung von Zuwanderung viel zu strikt.

Was zum Teil richtig und zum Teil falsch ist. Der Vorwurf ist richtig im Vergleich zu Frankreich, aber das wiederum hat mit der sehr unterschiedlichen Geschichte Frankreichs und Deutschlands zu tun. Ein Blick in die Vergangenheit zeigt, dass Deutschland in allen Dekaden seit dem Zweiten Weltkrieg eine hohe Zuwanderung hatte. Was die Entwicklung des letzten Jahres angeht: Der Grund für die Öffnung der Grenzen für Flüchtlinge war schlicht die Solidarität mit unseren Nachbarn. Wir haben eine enge nachbarschaftliche Beziehung zu Österreich, Österreich wiederum hat eine enge nachbarschaftliche Beziehung zu Ungarn. In Ungarn erlebten wir am Bahnhof von Budapest eine Situation, die sehr schwierig war. Und deshalb war die Entscheidung von Österreich und Deutschland, an jenem Wochenende im September 2015 die Grenzen zu öffnen, richtig. Dies hätte eine einmalige Ausnahme bleiben müssen; doch es ist eine dauerhafte Entwicklung geworden, und daraus entstand ein Problem. Aber es war die richtige Entscheidung, und ich sehe auch nicht, dass wir uns dafür entschuldigen müssten. Die deutsche Bevölkerung hat in einem übergroßen Maße positiv darauf reagiert, und das war für Europa insgesamt auch nicht schlecht. Dass diese Aufnahmebereitschaft in anderen Teilen der Welt missverstanden werden konnte, dahingehend, dass nun Deutschland alle mit offenen Armen empfangen würde, ist ein anderes Thema. Aber es war kein Kalkül. Außer Madame Le Pen hat das auch niemand im Ernst behauptet. Und ich bleibe dabei: Wer eine solche Behauptung aufstellt, bei dem hege ich Zweifel an seiner Urteilskraft.

WICKERT: Herr Sapin, warum nimmt Frankreich im Vergleich zu Deutschland so wenige Flüchtlinge auf?

SAPIN: Ich glaube, aus dem einfachen und bekannten Grund, weil der Flüchtlingsstrom hauptsächlich über den Balkan, Ungarn und Österreich nach Deutschland führt.

Der zweite Punkt: Frankreich ist ein Land, das schon einen bedeutenden Anteil von Immigranten der zweiten und dritten Generation hat. Jeder weiß, dass wir wirtschaftliche und soziale Probleme haben und eine hohe Arbeitslosigkeit. Infolgedessen erwarten Flüchtlinge in Frankreich keine besonders guten Bedingungen, um sich niederzulassen. Wir sind dafür mit anderen Problemen konfrontiert, zum Beispiel was die Flüchtlinge in der Region Calais betrifft, die unbedingt nach Großbritannien wollen und dafür beträchtliche Schwierigkeiten in Kauf nehmen. Schlichte Gemüter benutzen ihre Anwesenheit, um die Bevölkerung gegen die Flüchtlinge aufzubringen.

Wenn es darum geht, Solidarität zu zeigen, tut Frankreich das. Im Herbst 2015 haben wir beispielsweise von deutschem Territorium Familien übernommen – im Rahmen des Verteilungsschlüssels, der von der EU beschlossen worden ist.

SEUX: Aber vielleicht doch noch ein Wort darüber: Was haben Sie bei den Bildern empfunden, als ab Ende August, im September, Oktober, November 2015 ganze Züge mit Flüchtlingen in Deutschland eintrafen. Haben Sie sich da als französischer Minister gedacht: Bravo, Deutschland! Bravo für die Hilfe, den freundlichen Empfang, die Solidarität! Oder haben Sie gedacht: Sie hätten zumindest vorher mit uns darüber sprechen sollen!

SAPIN: Ein großer Teil der französischen Bevölkerung hat vor allem »Bravo!« gerufen.

SEUX: Sie auch?

SAPIN: Ja, ich auch, Ich habe das Verhalten Deutschlands bewundert. Ich glaube auch, dass die Frage der Immigration, der Aufnahme von Flüchtlingen, eine Frage von gemeinschaftlichem Interesse ist. Das hat Deutschland betont, als es zu Recht um die Solidarität der anderen gebeten hat.

SEUX: Sie sprechen von Solidarität. Ende November 2015 gab es im *Spiegel* ein Interview mit dem Präsidenten des EU-Parlaments, Martin Schulz, in dem er erklärte: Wenn es in Europa nicht viel Solidarität mit Deutschland in der Flüchtlingsfrage gebe, sei das eine Quittung für das kompromisslose Auftreten Deutschlands in der Griechenland-Krise. Wie reagieren Sie darauf?

SCHÄUBLE: Wissen Sie, das sollten Sie lieber einen Sozialisten fragen. Herr Schulz möchte gerne eine Führungsrolle in der SPD in Berlin spielen, und er glaubt offenbar, dass er mit solchen Äußerungen bessere Chancen hat. Ich fand diese Äußerung indiskutabel, und ich habe ja darauf auch reagiert. Ich verstehe dabei nicht, wie Herr Schulz seine Rolle als Präsident des Europäischen Parlaments interpretiert. Aber ich habe nicht die Absicht, mit ihm darüber lange zu diskutieren.

SEUX: Gibt es eine Obergrenze bei den Flüchtlingen, die ein Land wie Deutschland oder Frankreich aufnehmen kann?

SCHÄUBLE: Ich habe die Frage erwartet. Ja, es gibt eine Obergrenze, die lässt sich aber nicht in einer Zahl fassen. Wohl die meisten in Deutschland würden übereinstimmen, dass wir im Augenblick eher zu viele Flüchtlinge haben als zu wenig. Aber das ist keine Antwort auf die Frage: Was machen wir mit denen, die morgen kommen? Also müssen wir den Weg fortsetzen und nach Lösungen suchen, um die Zahl der Flüchtlinge zu begrenzen. Die Debatte in meiner Partei, ob es eine Obergrenze gibt oder nicht, ist eine dieser Debatten, die letztlich ohne Substanz sind. Die Kanzlerin hat ja recht, wenn sie sagt: »Wenn ich eine Obergrenze nenne, dann erwarten die Deutschen, dass ich sie einhalte.« Wenn ich aber erklären muss, ich habe die Instrumente nicht, um diese Obergrenze zu garantieren, dann ergibt es auch keinen Sinn. Unser Ziel muss sein, die Zahl der Flüchtlinge möglichst zu begrenzen. Das ist unstreitig, und dafür werden wir das Nötige tun.

SAPIN: Ich will versuchen, auf diese Frage zu antworten. Aus der Sicht Frankreichs gibt es für echte Flüchtlinge, das heißt für Menschen, die ihr Land verlassen, weil ihr Leben aus politischen oder religiösen Gründen in Gefahr ist, keine Beschränkungen. Prinzipiell müssen unsere Demokratien jeden aufnehmen, der an unserer Grenze erscheint, wenn er aus welchen Gründen auch immer verfolgt wird. Dieses Prinzip ist unantastbar. Aus diesem Grund bin ich schockiert über den Terminus »Flüchtlingsquote«, wenn man von Flüchtlingen im strengen Sinn des Wortes spricht. Aber wenn es um die Frage geht, ob unsere Länder imstande sind, weite Teile der Bevölkerung von Ländern aufzunehmen, die heute insbesondere von politischer und religiöser Radikalisierung erschüttert werden, ist die Antwort: Nein. Man kann die zwei, drei, vier Millionen Menschen nicht aufnehmen, die sich bereits außerhalb ihrer Landesgrenzen befinden. Innerhalb Syriens sind sogar schon zwölf Millionen Menschen auf der Flucht. Solche Kapazitäten haben wir nicht. Für die Türkei ist es sehr schwierig, diese vielen Menschen aufzunehmen, für sie menschenwürdige Bedingungen zu schaffen, Unterkünfte, sanitäre Einrichtungen und Schulen zur Verfügung zu stellen.

Die Ursache für die Flucht ist die Destabilisierung im Süden ihres Heimatlandes. Daher die absolute Notwendigkeit, dort zu intervenieren, um den Ländern in dieser Region wieder innere Stabilität zu geben. Das wird nicht sofort geschehen, aber wenn die vielen Menschen, die heute in Flüchtlingscamps der Türkei, aber auch im Libanon und in Jordanien leben, eine Perspektive haben; wenn sie anständig behandelt werden und merken, es tut sich etwas Positives in ihrer Heimat, dann werden sie bleiben. Der Wille zu bleiben ist ja da. Aber wenn sie keine Perspektive für sich in ihrer Heimatregion sehen, suchen sie sie irgendwann woanders. Und da beginnt für uns das wirkliche Problem. Im Gegensatz zwischen der nicht diskutierbaren Aufnahme von jemandem, der geflohen ist, und den wirtschaftlichen, sozialen, manchmal sogar politischen Grenzen der Aufnahmekapazität, liegt »das ganze Elend der Welt«, wie Michel Rocard einmal sagte.

WICKERT: Wir haben über Integration gesprochen. Es gibt einen französischen Begriff, den die Deutschen nicht verstehen, aber er gehört zur Identität Frankreichs: *la laïcité*. Ist das noch ein Wert? Wird darüber diskutiert, ob die Laizität wirklich ein Wert ist, der uns verbindet?

SAPIN: Die Laizität wird heute doch nur von den Anhängern einer radikalen Religiosität infrage gestellt, um es allgemein zu sagen und nicht nur den radikalen Islam zu nennen, denn auch andere Religionen können fundamentalistisch werden. Die französische Laizität ist keine Ablehnung der Religion, sondern sie schützt jede Religionsausübung im Rahmen der Regeln Frankreichs. Jede Religion muss die Religion des Nachbarn respektieren, auch wenn sie eine andere ist. Der Terminus Laizität ist alles andere als obsolet, im Gegenteil: Er muss bestärkt werden, weil gerade er es ist, der es den Menschen muslimischen Glaubens ermöglicht, ihre Religion frei auszuüben, ohne Extremisten zum Opfer zu fallen, die sagen: »Wir lassen dich nicht an deinen Gott glauben, komm zu uns.« Meiner Meinung nach ist die Laizität ein sehr moderner Wert, der das Problem der Integration in Frankreich lösen hilft.

SEUX: Wie sieht es in Deutschland aus? In Deutschland ist das Verhältnis zwischen Staat und Religion ein anderes.

Werden in Deutschland von staatlicher Seite Moscheen finanziert oder nicht?

SCHÄUBLE: Wir haben eine andere Tradition im Umgang zwischen Religionsgemeinschaften und dem Staat. Das hat wiederum mit unserer Geschichte zu tun. Aber wenn wir die Unterschiede zwischen der weltanschaulichen Neutralität unseres Grundgesetzes und der Laizität in Frankreich definieren müssen, ist das nicht so einfach. In der Tat finanzieren wir aufgrund vertraglicher Vereinbarungen mit den Kirchen oder entsprechender gesetzlicher Regelungen teilweise die staatlich anerkannten Religionsgemeinschaften. Im Zuge der Beratungen in der Islamkonferenz haben wir auch darüber diskutiert: »Wie können wir Muslimen etwas Vergleichbares anbieten?« Denn das erfordert die Neutralität unseres Grundgesetzes gegenüber unterschiedlichen Religionsgemeinschaften. Aber bis heute hat der Islam keine Lösung dafür gefunden, wie er die Voraussetzung dafür schafft. Er müsste sich dann als eine Art Kirche organisieren. Deswegen haben wir Vereinbarungen mit einzelnen Moscheen – so wie wir natürlich auch mit der jüdischen Gemeinschaft solche Vereinbarungen haben. Immerhin gibt es inzwischen an Hochschulen in Deutschland eine Ausbildung von Religionslehrern im Islam. Aber all das ist ein sehr komplizierter Prozess, weil eben der Islam in sich sehr unterschiedlich ist. Die mit Abstand stärkste Organisation der Muslime in Deutschland ist DITIB, der Dachverband der türkisch-islamischen Moscheegemeinden. Daneben haben wir die arabischen wahhabitischen Moscheen, die uns zum Teil Probleme bereiten. Wenig Schwierigkeiten haben wir mit den Muslimen aus dem Gebiet des früheren Habsburgerreiches. Dort war der Islam schon vor dem Ersten Weltkrieg als Religionsgemeinschaft staatlich anerkannt.

SEUX: Gibt es bei Ihnen keine radikalen Imame?

SCHÄUBLE: Es gibt sie in einem Teil der Moscheen – nicht in den türkisch kontrollierten, aber in den von Saudi-Arabien finanzierten. Wir registrieren eine wachsende wahhabitische und vor allen Dingen eine wachsende salafistische Szene. Die zu überwachen ist Aufgabe der Polizeibehörden und der Nachrichtendienste.

SAPIN: Das französische Gesetz sieht die Trennung von Kirche und Staat vor. Seit dem Jahr 1905 ist festgelegt, dass die Republik weder die Geistlichkeit noch die Bauwerke irgendeiner Religionsgemeinschaft bezahlt oder subventioniert, aber sie respektiert sie alle. Worin liegt hier die Schwierigkeit? Als die Trennung von Kirche und Staat Gesetz wurde, existierten Kirchenbauten, es gab auch Tempel und Synagogen. Sie waren gebaut, und als der Trennstrich gezogen wurde, konnte jede Konfession diese Gotteshäuser weiterbenutzen, das Gesetz garantierte ihnen die freie Nutzung.

Seitdem haben sich die Dinge verändert. Die muslimische Religion ist hinzugekommen und zur zweitgrößten Religionsgemeinschaft in Frankreich geworden, die folglich über keine historischen Gotteshäuser verfügt. Darin besteht also ein Unterschied, den die Muslime als eine Benachteiligung betrachten könnten, so als dürften sie keine Gotteshäuser haben. Dies warf die Frage auf: Sollte man den Bau von Moscheen für die Muslime fördern, um zu vermeiden, was daraufhin passierte und immer noch passiert: irgendwo und irgendwie heimlich eingerichtete Gebetsräume, in denen möglicherweise Salafisten ein und aus gehen? Darauf haben wir eine Antwort zu finden versucht.

SEUX: Wie lautet diese Antwort heute?

SAPIN: Jede Gemeinde hat die Möglichkeit, sich einzubringen. Sie kann beispielsweise kostengünstige Grundstücke zur Verfügung stellen. Aber sie darf selbst keine Moschee bauen – so wie sie auch keine neue Kirche oder Kathedrale bauen darf. Es hat ja auch Neubauten gegeben, beispielsweise die Kathedrale in Ivry, der Gemeinde von Premierminister Manuel Valls. Ihr Bau wird – egal ob es sich um eine Kirche, einen Tempel oder eine Moschee handelt – durch Spenden der Gemeindemitglieder finanziert.

SEUX: Das Gesetz ist also nicht entsprechend weiterentwickelt worden?

SAPIN: Nein. Aber dieses jahrhundertealte Gesetz darf nicht verhindern, dass alle Religionen – auch die in jüngster Zeit auf französischem Territorium hinzugekommenen – Gotteshäuser zur Verfügung haben. Und wenn es anerkannte Gotteshäuser gibt, können wir auch aufmerksam verfolgen, welche Art Predigt welcher Imam hält. Wie ein katholischer Priester auch muss er dies im Respekt vor den Gesetzen der Republik tun. Er darf nicht dazu aufrufen, gegen die Gesetze der Republik zu verstoßen.

Seux: Oder zum Heiligen Krieg.

Sapin: Weder zum Heiligen Krieg noch zum Verstoß gegen die Gesetze der Republik. Jedenfalls müssen wir das im Rahmen des Islam sehr aufmerksam beobachten.

Seux: Eine Frage zum Abschluss dieses Themas: Haben Ihre beiden Länder dieselbe Tradition, was den Schleier und den Niqab angeht?

Schäuble: Bei uns ist noch nicht einmal die Burka verboten. Es gibt zwar gelegentlich Diskussionen darüber, es wurde auch diskutiert, ob man als Lehrerin oder als Beschäftigte im öffentlichen Dienst, in der Verwaltung, ein Kopftuch tragen kann. Aber es herrscht doch ein Konsens darüber, dass wir uns da nicht so erregen, dass wir diese Fragen eher pragmatisch lösen sollten.

Seux: Darüber gibt es heute in Deutschland keine öffentliche Debatte?

Schäuble: Ab und zu kommt ein Politikerkollege mit der Forderung, die Burka zu verbieten. Aber kaum einer denkt, dass dies wirklich ein dringendes Problem wäre. In manchen Dingen sind wir viel gelassener geworden, als wir es vor ein paar Jahren für möglich gehalten hätten.

Seux: In Frankreich ist man weniger gelassen in dieser Frage.

Sapin: Damit wären wir wieder beim Prinzip der Laizität. An Orten, wo dieses Prinzip gilt – insbesondere an Schulen und Einrichtungen des öffentlichen Diensts –, sind keinerlei religiöse Kennzeichen erlaubt. Man darf also kein Unterscheidungsmerkmal tragen, und vor allem keine so offensichtlichen, aggressiven wie die, die nur einen Teil der Bevölkerung betreffen, nämlich die Frauen. Hier gibt es auch ein Verbot, das übrigens schon relativ lange existiert. Eine andere Frage ist, wie es sich an öffentlichen Orten verhält. Wir sind einen Schritt weiter gegangen, als wir 2011 an öffentlichen Orten das Tragen nicht des Schleiers, sondern des Ganzkörperschleiers bzw. der Burka verboten. Dies geschah auch aus Sicherheitsgründen, denn die Burka macht es sehr schwierig, die Identität zu überprüfen, und wie man weiß, hat das Tragen einer solchen gelegentlich auch Anschläge erleichtert. Diese Regelung entspricht französischer Tradition. Sie war umstritten, vor allem bei den Linken, aber dem Gesetz hat ein großer Teil der Linken zugestimmt.

*

Seux: Kommen wir nun zu einem anderen Thema, bei dem Ihre beiden Länder sehr unterschiedliche Wege gehen: die Energiepolitik. Man hat auf diesem Feld noch selten zwei Länder mit so unterschiedlicher Politik gesehen. Das eine ist aus der Atomenergie ausgestiegen und produziert viel erneuerbare Energie, doch kurzfristig treibt das den CO_2-Ausstoß in die Höhe; das andere bleibt bei der Atomenergie und produziert wenig erneuerbare

Energie. Werfen Sie sich gegenseitig Ihre Entscheidungen vor?

SAPIN: Ich werde Deutschland keine Vorwürfe machen, aber ich weiß sehr gut, welche Vorwürfe man uns, den Franzosen, machen kann. Nicht, dass wir eine leistungsfähige Kernenergie-Industrie haben oder ein bedeutendes Kernenergie-Programm. Ich finde, das war eine gute Sache auf der Grundlage wissenschaftlicher Erkenntnisse, und sie ist weltweit für ihre Leistungsfähigkeit anerkannt. Der Vorwurf ist, dass wir die Stromerzeugung einzig auf der Kernenergie aufgebaut haben. Und dass wir uns deshalb nicht genug um die sogenannten erneuerbaren Energien gekümmert haben, die wir jetzt in den Vordergrund stellen müssen, um unseren Energiemix besser auszubalancieren. Das französische Energiewendegesetz sieht vor, dass nur noch 50 Prozent des Stroms aus Kernkraftwerken stammen sollen, heute sind es 75 Prozent. Das mag anderen Ländern immer noch sehr beträchtlich erscheinen. Aber der Unterschied ist, dass sie nicht durch Kohle oder Öl ersetzt werden soll, sondern ganz durch erneuerbare Energien.

Die zweite Frage, die sich uns stellt: Ist die Kernenergie von morgen tatsächlich eine unveränderliche Technologie? Zweifellos haben wir uns zu sehr auf unseren Errungenschaften ausgeruht, wir haben die Kernenergie nicht weiterentwickelt, zum Beispiel keine kleineren, geeigneteren Reaktoren gebaut.

SEUX: Mit seiner Kohlepolitik ist Deutschland für einen hohen Ausstoß von Treibhausgasen in Europa verantwortlich. Halten Sie das den Deutschen vor?

SAPIN: Ganz sicher verschmutzt die Kohle die Luft, und was in einem Land geschieht, hat Auswirkungen über die Grenzen dieses Landes hinaus. Aber auf der UN-Klimakonferenz in Paris im Dezember 2015 haben wir den gleichen Willen zum Handeln gezeigt. Auf dieser Grundlage kann jeder seine eigene Politik durchführen.

SCHÄUBLE: Ich glaube, wir werden uns allmählich aufeinander zubewegen. Wir bauen die Nutzung von Kohle sehr schnell ab. Die Nutzung der Steinkohle haben wir weitestgehend schon beendet, und die der Braunkohle läuft auch aus. Wir werden auch die Nutzung von anderen fossilen Energien zur Stromerzeugung zurückfahren. Die erneuerbaren Energien, insbesondere die Photovoltaik, haben wir in einem riesigen Ausmaß ausgebaut.

SEUX: Aber die deutschen CO_2-Emissionen sind doppelt so hoch wie die französischen.

SCHÄUBLE: Das ist doch klar, denn bei der nuklearen Stromerzeugung gibt es keine Emissionen von CO_2.

SEUX: Es ist also eine vorübergehende Sache?

SCHÄUBLE: Ja, die Emissionen werden zurückgehen. Wir werden uns aufeinander zubewegen. Frankreich wird seinen Anteil an erneuerbaren Energien wesentlich erhöhen.

Was die Nachhaltigkeit der Stromerzeugung aus Nuklear-
energie betrifft, bin ich mir nicht sicher. Vielleicht werden
wir eines Tages tatsächlich die Entsorgungsprobleme gelöst haben, das wäre dann eine neue Situation. Aber im
Moment geht die Entwicklung weltweit doch sehr stark in
Richtung erneuerbare Energien.

SEUX: Es geht also um eine Veränderung der Strompro-
duktion, um Energieeinsparungen und ganz grundsätzlich
um einen veränderten Blick auf die Gewinnung von Energie. Steht dahinter auch der Gedanke an ein neues Wachs-
tumsmodell? Ich habe den Eindruck, die Sozialistische
Partei in Frankreich und die CDU/CSU in Deutschland
haben unterschiedliche Vorstellungen, wie das Wachstum
morgen, nach der Energiewende, aussehen soll.

SAPIN: Wie sieht denn die Energiewende bei uns aus?
Sie bedeutet erstens, davon haben wir gerade gesprochen,
dass wir bei der Stromerzeugung den Energiemix besser
ausbalancieren; zweitens, dass wir weitaus mehr Energie
einsparen – in dieser Hinsicht unternimmt Deutschland
ganz besondere Anstrengungen, besonders im Bereich
Wärmedämmung und im Wohnungsbau. Wir müssen uns
sehr anstrengen, damit Erdgas und Heizöl effektiver genutzt wird und ebenso der Strom in den Haushalten. Und
drittens wird die Energiewende dazu führen, dass neue Arbeitsplätze und andere entstehen als die, die heute existieren. Einen schlecht isolierten Wohnblock zu bauen schafft
zwar Arbeitsplätze, aber nicht viele. Hingegen schafft oder
bewahrt es sehr viele Arbeisplätze, wenn man alte Häu-
ser isoliert oder moderne, sehr gut isolierte Wohnungen

mit neuen Materialien baut. Eines der Kennzeichen eines Wachstums, das auf der Energiewende gründet, ist, dass es vielleicht keine so hohen Zuwachsraten erreicht, dafür aber mehr Arbeitsplätze schafft. Man nennt das qualitatives Wachstum. Das jedenfalls ist in Frankreich eines der grundlegenden Ziele, weil unsere Arbeitslosigkeit so hoch ist.

SEUX: Wenn ich mir Ihre Argumentation betrachte – ein Wachstum mit niedrigerer Zuwachsrate, aber mehr Arbeitsplätzen –, dann heißt das aber doch: Die Kaufkraft wird sinken oder zumindest weniger stark steigen in den kommenden Jahren …

SAPIN: Sie haben meine Argumentation nicht verstanden. Wenn es mehr Beschäftigung gibt und weniger Arbeitslose, ist die Kaufkraft höher.

SEUX: Wird das Wachstum als Folge der Energiewende ein anderes sein, Herr Schäuble? Müssen wir unser Verhalten ändern, muss die Marktwirtschaft, so wie wir sie seit einem Jahrhundert kennen, sich verändern?

SCHÄUBLE: Ich glaube, das Wachstum wird sich fast ganz unabhängig von der Energieversorgung sehr viel stärker auf die Digitalisierung der Ökonomie verlagern. Wir konzentrieren uns ja heute sehr stark darauf, die klassische industrielle Produktion mit der modernen Digitalisierung – das, was wir Industrie 4.0 nennen – zu kombinieren. Dort liegen neben der Automobilproduktion die größten Wachstumspotenziale der deutschen Wirtschaft.

Wir haben derzeit den höchsten Exportanteil weltweit im Bereich Maschinenbau, und das hat wesentlich mit der intelligenten Kombination von moderner Digitalisierung mit dem klassischen Maschinenbau zu tun. In dieser Richtung müssen wir weitergehen. Ein wachsender Zweig wird auch der Bereich der klassischen Dienstleistungen sein, die in einer älter werdenden Gesellschaft eine wesentlich größere Rolle spielen. Und dann werden wir weiterhin darauf setzen, dass wir in den klassischen Bereichen, in denen wir führend sind, besonders in der Chemie und der Medizintechnik, unser Wachstum weiterentwickeln. Wir wollen vor allem unser Potenzialwachstum erhöhen, und das geht nur durch Innovation. Deswegen haben wir unsere Ausgaben für Forschung und Bildung auf das höchste Niveau in Europa gebracht.

WICKERT: Ich möchte noch auf ein anderes Thema zu sprechen kommen, das viele Menschen bewegt: das Problem der Steuerparadiese in Europa. Frankreich und Deutschland versuchen seit Jahren, hier etwas zu ändern, aber …

SAPIN: Aber seit ein paar Monaten sind wir dabei, genau dies zu tun!

WICKERT: Wirklich? Wenn Sie sich Luxemburg oder die Niederlande anschauen – der Firmensitz von Airbus befindet sich in den Niederlanden. Das ist erstaunlich, weil dort nichts produziert wird! Und dann gibt es da auch noch Irland. Warum haben Sie es bis jetzt nicht geschafft …?

Sapin: Die bessere Frage wäre, warum wir gerade dabei sind, es zu schaffen. Denn wenn uns in irgendeinem Bereich die Probleme bewusst geworden sind und es infolgedessen zu Entscheidungen und effektiven Maßnahmen gekommen ist, dann doch in diesem. Es stimmt, dass uns das in Europa, aber vor allem weltweit seit Jahren Sorgen bereitet. Wir sprechen seit Jahren über diese Mechanismen der »aggressiven Optimierung«, wie wir es ausdrücken, das heißt die exzessive Ausnutzung der unterschiedlichen Steuergesetze in den verschiedenen Ländern, der dazu führt, dass am Ende überhaupt keine Steuern gezahlt werden. Dieses Problem ist uns im Zuge der Finanzkrise 2008/2009 bewusst geworden. In diesem Moment haben wir Politiker uns gesagt: Wir können unmöglich von unserer Bevölkerung so große Anstrengungen und von unseren Unternehmen Innovationen verlangen und gleichzeitig akzeptieren, dass sich manche, ob Einzelpersonen oder Unternehmen, dieser Solidaritätsanstrengung entziehen.

Die erste Bestätigung dafür gab es im Juni 2012 beim G20-Treffen im mexikanischen Los Cabos. Das Thema wurde von den Staats- und Regierungschefs auf den folgenden G20-Treffen im September 2013 in Sankt Petersburg und im November 2014 in Brisbane weiter verfolgt. In Antalya wurden dann im November 2015 weitreichende Maßnahmen auf internationaler Ebene beschlossen. Und wir in Europa kommen hier jetzt sehr schnell voran, was den automatischen Austausch von Steuerinformationen zwischen Banken und den Finanzbehörden betrifft. Das Abkommen darüber haben in Berlin mehr als 50 Länder unterzeichnet, am 1. Januar 2017 tritt es in Kraft. Es bedeutet das Ende des Bankgeheimnisses für Privatpersonen und das Ende der anonymen Konten.

Dass Luxemberg mit Konzernen an den vorhandenen Gesetzen vorbei eine niedrige Besteuerung aushandelt, Maßanfertigungen, die die Besteuerung der Unternehmen teilweise bis auf Null gebracht haben, wie es die Luxemburg-Leaks-Affaire zutage brachte – so etwas ist heute nicht mehr vorstellbar. In dieser Beziehung sind wir also sehr schnell vorangekommen. Ich will mir keine Sträuße winden, wir waren ja nicht allein. Es war entscheidend, dass Deutschland und Frankreich gemeinsam wünschten, dass Europa hier schneller vorgeht.

SEUX: Aber schauen Sie sich den US-Pharmakonzern Pfizer an: Er hat das irische Unternehmen Allergan aufgekauft, um in Irland Fuß zu fassen. Die Amerikaner scheinen nicht zu glauben, dass die Steuerharmonisierung in Europa auch Irland betreffen wird.

SAPIN: Jedenfalls haben die amerikanischen Unternehmen erkannt, dass der Kampf Europas gegen die Steueroptimierung auch sie betrifft. Früher oder später wird auch Google das zur Kenntnis nehmen. Unser US-amerikanischer Kollege Jack Lew ist genauso entschlossen wie wir, gegen die »aggressive Optimierung« zu kämpfen.

WICKERT: Aber wir haben immer noch das Problem Irland.

SCHÄUBLE: Ja, gut, aber auch hier haben wir sehr viel Druck gemacht und bereits einiges verändert, wie auch in den Niederlanden und Luxemburg. Ab 2017 wird der Spielraum für Steuerpflichtige, durch die Verlagerung ihrer Vermögen in andere Länder die reguläre Besteuerung ihrer Einkünfte zu vermeiden, durch das bereits erwähnte Abkommen zum internationalen Informationsaustausch beendet sein. Im Übrigen gehen die Finanz- und Strafverfolgungsbehörden heute viel konsequenter vor, und auch das zeigt Wirkung. Wir sind sicher noch nicht am Ende unserer Bemühungen angekommen. Die Vereinigten Staaten von Amerika sind nur schwer für globale Regelungen zu gewinnen, aber wir werden den Druck aufrechterhalten. Und wenn Europa seine Probleme besser löst, wird auch der Druck auf die USA stärker, denn auch sie sind in ihrem Handeln von der öffentlichen Meinung abhängig. In Europa jedenfalls kommen wir gut voran, schneller, als irgendjemand für möglich gehalten hätte. Frankreich und Deutschland haben hier gemeinsam eine führende Rolle eingenommen.

SEUX: Wir nähern uns dem Ende unseres Gesprächs. Wir haben über viele Dinge gesprochen, auch darüber, wie ein Minister lebt, über einen Punkt jedoch nicht: Ihr jeweiliges Gehalt. Das interessiert die Menschen. Können Sie das beantworten?

SAPIN: Nach Abzug der Steuern und Beiträge, also netto, sind es 8347 Euro.

SCHÄUBLE: Ich bekomme auch noch Bezüge als Bundestagsabgeordneter. Zusammen mit dem Ministergehalt ergibt das netto etwas mehr als 12 000 Euro im Monat.

SEUX: Wenn Sie Bilanz ziehen: An welches Ereignis in Ihrer politischen Karriere erinnern Sie sich besonders gerne zurück? Oder anders gefragt: Auf welche politische Entscheidung in Ihrer Laufbahn sind sie am meisten stolz?

SAPIN: Das kann man nicht sagen, wir sind ja noch nicht am Ende!

SEUX: Nun, zumindest für den Moment.

SCHÄUBLE: Für mich ist dies klar – alle Ereignisse, die mit der Wiedervereinigung Deutschlands zusammenhängen.

SAPIN: Das Eindrücklichste für mich, weil ich noch jung war und es ein äußerst gewaltiger und zugleich sehr schöpferischer Moment war, war die große Währungskrise Ende 1992, als ich als Minister für den öffentlichen Dienst und Staatsreformen den Märkten einen politischen Willen aufzwingen und sagen konnte, dieser Wille ist stärker als alles.

SEUX: Eine letzte Frage: Wenn Sie zusammenarbeiten und das jeweils andere Land und seine Institutionen betrachten, was überrascht Sie da am meisten?

SAPIN: Darauf habe ich eine sehr klare Antwort. Was mich überrascht – oder vielleicht besser, da ich ja gewisse historische Kenntnisse habe: was mich am meisten interessiert, ist die dezentrale Organisation Deutschlands. Ich habe den Eindruck, die ist endlos, man entdeckt immer wieder etwas Neues in diesem Bereich. Damit will ich nicht sagen, dass man das Gleiche in Frankreich tun sollte.

Aber ich finde es sehr spannend, dieses dezentrale System zu entdecken, zu verstehen und – nicht nur historisch – zu analysieren, das Deutschland so stark und so reich macht.

SCHÄUBLE: Was ich in Frankreich am faszinierendsten finde, ist, wie man eine Elite in der Politik so gut ausbildet – so etwas haben wir in Deutschland nicht.

SEUX / WICKERT: Vielen Dank Ihnen beiden für dieses Gespräch.

Biographische Angaben

Wolfgang Schäuble, geboren 1942, studierte Rechts- und Wirtschaftswissenschaften und promovierte 1971 zum Dr. jur. Seit 1972 ist Schäuble Mitglied des Deutschen Bundestages, von 1981 bis 1984 als Parlamentarischer Geschäftsführer der CDU/CSU-Bundestagsfraktion. Anschließend war er Bundesminister für besondere Aufgaben und Chef des Bundeskanzleramtes, bevor er von 1989 bis 1991 Bundesminister des Innern wurde. Seit 1989 ist Schäuble Mitglied im Bundesvorstand der CDU. Von 1991 bis 2000 war er Vorsitzender der CDU/CSU-Bundestagsfraktion, ab 1998 zudem Bundesvorsitzender der CDU. Seither ist er Mitglied im Präsidium der CDU Deutschlands. Ab 2002 war Schäuble stellvertretender Vorsitzender der CDU/CSU-Bundestagsfraktion für Außen-, Sicherheits- und Europapolitik, bevor er 2005 erneut zum Bundesminister des Innern ernannt wurde. Seit 2009 ist er Bundesminister der Finanzen.

Michel Sapin, geboren 1952, wurde 1975 Mitglied der Parti Socialiste. Von 1978 an besuchte er die École nationale d'administration (ENA). Danach wurde er Mitarbeiter beim Verwaltungsgericht von Paris. Im Mai 1991 übernahm er sein erstes Regierungsamt und war bis April 1992 zunächst Beigeordneter Minister im Justizministerium, später Minister für Wirtschaft und Finanzen. 1995 wurde er Bürgermeister von Argenton-sur-Creuse. Im März 2000 wurde Sapin von Premierminister Lionel Jospin zum Minister für den öffentlichen Dienst und Staatsreformen in dessen Kabinett berufen. Ab 2003 war er Schatzmeister der Parti Socialiste. Im November 2011 wurde er in das Team von François Hollande für dessen Kandidatur bei den Präsidentschaftswahlen 2012 berufen. Nach der Wahl von Hollande zum Staatspräsidenten wurde er zum Arbeitsminister ernannt, bevor er 2014 das Finanzministerium übernahm.

ULRICH WICKERT, geboren 1942, ist einer der bekanntesten Journalisten Deutschlands. Er war als Korrespondent in den USA und Frankreich tätig, außerdem langjähriger Anchorman der *Tagesthemen*. Er lebt in Hamburg und Südfrankreich, wo er neben Kriminalromanen auch politische Sachbücher schreibt. Zu seinen zahlreichen Veröffentlichungen zählen unter anderem die Bestseller *Vom Glück, Franzose zu sein*, *Gauner muss man Gauner nennen* und *Der Ehrliche ist der Dumme*. In seiner erfolgreichen Krimiserie um den Richter Jacques Ricou erschien zuletzt *Das Schloss in der Normandie* (Hoffmann und Campe 2015).

DOMINIQUE SEUX, geboren 1962, ist einer der bekanntesten Wirtschaftsjournalisten Frankreichs, er leitet die Redaktion der wichtigsten Wirtschaftszeitung *Les Echos* und ist Kommentator bei *Radio France Inter*.